積木と保育

目次

第1章　積木と保育

第2章　子どもの発達と積木遊び

第3章　積木遊びを援助する

第1章　積木と保育

積木と保育

積木は、保育環境を構成するために欠かすことのできない素材の一つです。その主な理由として、積木遊びの教育的価値が多様であることと、積木の保育環境の素材としての機能が高いことが挙げられます。

(1) 積木遊びの多様な教育的価値

①子ども主体の遊びが展開される
②機能練習、操作練習する経験が得られる
③構成、構造、創造する経験が得られる
④想像する、共感する、役を演じる経験が得られる
⑤仲間と関わり、コミュニケーションする経験が得られる
⑥問題を解決し、達成感を獲得する経験が得られる
⑦自分が生きている環境と社会を知る経験が得られる
⑧秩序感覚、美的感覚を伴う経験が得られる
⑨遊びの文化と技術が継承される

(2) 積木の保育環境としての高い機能

①乳幼児の様々な発達の要求に応えられる
②一人ひとりの興味・関心に応えられる
③一人遊びからクラス全員の遊びまで応えられる
④様々な種類の遊びを展開できる
⑤遊びを中断、継続できる
⑥様々な保育形態に対応できる
⑦遊びの経過が見える
⑧高い収納力で、空間を有効活用できる
⑨耐久性が高い、安全、汚れない、ゴミが出ない

保育現場には多くの素材や道具があります。そして、それら一つひとつが教育的な価値を持っていて、保育を構成する環境素材として機能しています。しかし、積木ほど、一つの素材ながら、子どもの様々な育ちを支える道具となり、保育環境の素材として高い機能を持って効率的に働くものはないかもしれません。積木遊びと積木という素材の可能性を、一つひとつ探っていきましょう。

(1) 積木遊びの多様な教育的価値

①子ども主体の遊びが展開される

積木は、子どもからの働きかけがあってはじめて変化が生まれる道具です。目の前にある積木を並べて、積むことで、動きが見えて形が生まれ、それが子どもの想像を刺激して、次の行為を引き出します。そして、どんな積み方をするか、それによって何をつくるか、つくったものでどう遊ぶかを、子ども自身が選択して遊びをひろげていきます。このように、子どもが主体的に行動しないと遊びとして発展していかないのが積木遊びです。時代とともに、子どもを取り巻く遊びの環境が、受け身的なものになりつつある中で、自らが遊びを生み、発展させる経験は貴重です。

キーワード＝選択する、考える、動く

②機能練習、操作練習する経験が得られる

積木遊びでは、「積む」「並べる」という単純な行為を何度も何度も繰り返します。いろいろな種類の積木をいろいろな積み方で遊ぶことで、身体の機能を使い、手先を操作して、身体全体で空間を認知する経験を重ねます。これらは、乳児期から続く子どもの発達と遊びの特性であり、欠かすことのできない経験です。油断すると崩れるかもしれない積木素材で繰り返し練習して、心と身体を育み、モノとモノとの関係を理解し、物事の原因と結果を学んでいきます。遊びによってもたらされるこうした経験が、将来の数的概念、量的概念、物理的概念を獲得する源になります。

キーワード＝目と手の協応、空間認知、集中力、モノとモノの関係、原因と結果

③構成、構造、創造する経験が得られる

積木を積んで、並べる行為を繰り返した結果、構造物ができあがると、子どもは何かに見立て、自分の知っていることからイメージして「○○」と名付けたりします。また、となりの友だちの遊びを模倣して同じようなものをつくろうとします。こうした経験を繰り返すことで、自分の体験と記憶を積木で再現して楽しめるようになります。やがて、つくることそのものを楽しみ、つくり方に工夫を重ねて、積木遊びにおける想像力と技量を深めていき、世の中にある様々なものに興味を持ち、それを積木遊びの中で再現したり、創造したりします。自分の体験だけでなく、仲間と共に大きな世界、未知の世界をつくることに喜びを得るのも積木遊びならではの経験です。

キーワード＝組み合わせる、模倣、想像、偶然性

④想像する、共感する、役を演じる経験が得られる

子どもは、積みあげたもの、構成したもの、再現したものから、見立ての想像をふくらませます。そして、現実ではなれない自分を空想して、つくりあげた世界の中で演じようとします。友だちとイメージを共有して、役割を分担してごっこ遊びを繰り返し楽しむのです。子どもは、積木を積んでいる瞬間は、現実の世界にいます。積木という素材を冷静にとらえ、積み方に工夫を重ねて「作品」をつくっていきます。しかし、積みあがり、そこに構成されたものに空想の世界が見えた途端に、現実の世界は遊びの世界に変わり、友だちにそのイメージを伝え、共有しようとします。子どもは積木遊びを通して、現実と空想の世界を行ったり来たりしながら、自分と社会の関係を学習していくのです。

キーワード＝見立て、再現、空想、共感、役割、シンボル

⑤仲間と関わり、コミュニケーションする経験が得られる

子どもは大きくなればなるほど、コミュニケーションしたいという欲求がふくらみます。言語を獲得したら、それを使いたい、友だちと関わってやりとりしたいと思います。そして、それを遊びで満たそうとします。信頼する仲間と共に生活と遊びを営む保育現場の積木遊びには、イメージを共有したり、コミュニケーションする機会がたくさんあります。構成（構造）遊びにおいて、どの部分を誰がつくるかといった役割分担、協力関係の構築や、役割遊びにおける言葉のやりとり、知識の交換があります。そして、積木遊びのルールの共有など、コミュニケーションする経験をたくさん得られます。

キーワード＝仲間、イメージと言葉の共有、役割分担、協調性

⑥問題を解決し、達成感を獲得する経験が得られる

積木遊びでは、達成感を得る場面がたくさんあります。高く大きく積むことや、難しい形に積むことに喜びを感じる時があれば、自分の想像をこえた世界ができあがろうとする瞬間、「やった」「すごい」と心の中で叫ぶ時もあります。一方で、そのようなよい結果を得るまでには、様々な問題に直面します。どうやって積むか、どんな素材を組み合わせるかなどの問題を、仲間とやりとりしたり、保育者に相談して解決していきます。

キーワード＝課題設定、問題解決、見通し、挑戦、ワクワク

⑦自分が生きている環境と社会を知る経験が得られる

子どもは、遊びを通して、自分が生きる世界を構成するものが何かを学んでいきます。積木遊びには、そうした学習経験がたくさん詰め込まれています。積木という形のある素材の操作練習を繰り返すことで、数的概念、量的概念、物理的概念を体験します。自分が知っていることを積木で再現する中で、その知識をさらに深めることもあります。例えば、動物園に行って、積木遊びで動物園を再現する際、ただ見たものをつくるだけでなく、図鑑や写真などでその動物の習性を調べて学習するプロセスも経験します。また、未知の経験を遊びを通して再現することもあります。積木遊びで役を演じることは、社会の仕組みを学ぶことにつながります。積木遊びには、様々な学びが隠されているのです。

キーワード＝数、量、図形、物理的法則、物事や社会の仕組み、語彙

⑧秩序感覚、美的感覚を伴う経験が得られる

積木遊びの基本である「繰り返し積む」は、とても秩序的な行為です。高く大きく積みあげるためには、同じ形の積木を、秩序正しく同じ間隔で積むことが求められます。また、積木の遊びを継続させるためには、積みあがったものを壊さないように、意識と身体を調整することが求められます。そして、できあがったものの美しさを感じる体験を何度も繰り返します。左右対称にできあがったものや、鮮やかな色の組み合わせ、アクセントとして加えられた形や色など、様々な美しさに出会います。子どもたちは、こうした感覚が求められる行為を繰り返すことで、身体の感覚と機能を発達させていきます。

キーワード＝繰り返し、秩序感、表現

⑨遊びの文化と技術が継承される

保育現場では、複数の子どもやクラス全体が長期間にわたっての積木遊びを展開します。このような遊びにおいては、保育者と子どもの個性が加わり、クラスや園独自の遊び文化がつくられることになります。子どもは、仲間の遊びを模倣して、再現することを繰り返す中で、積木遊びの技術を伝えあいます。そうして培われた様々な積み方が、大きい子どもから小さい子どもへ伝わることもあります。なお、地域によっては、街の誇りや歴史、行事や祭りなども、定番の積木遊びになる場合もあります。積木遊びは、こうした様々な要素を受け入れながら、豊かな遊び文化として継承されていきます。

キーワード＝保育者の個性、技術の共有・伝達、地域性、歴史

(2) 積木の保育環境としての高い機能

①乳幼児の様々な発達の要求に応えられる

子どもたちの遊びの欲求は、乳児から幼児までの幅広い発達の段階にあわせて様々です。しかも同じ年齢でも、遊びの体験が豊かな子どもと乏しい子どもがいます。こうした子どもの多様な発達の要求に応えるために、保育者の多くは、それに応える環境と素材をきめ細かく用意しなくてはなりません。しかし、積木という素材がもたらす遊びは、そうした欲求に柔軟に応えることができます。保育者の適切な援助があれば、子ども自らが、それぞれの発達と課題にあった遊びを展開してくれます。

キーワード＝年齢、体験、発達

②一人ひとりの興味・関心に応えられる

子どもの興味・関心は多様です。車や電車が好きな子ども、虫が好きな子ども、料理ごっこが好きな子ども、絵本の世界が好きな子どもと様々です。遊びにもそれらの違いは表れますが、積木遊びによってつくりあげられる世界は、子どもたちの様々な思いを受け入れることができます。そして、それぞれの個性にあった遊びの役割が用意された世界は、みんなで遊びのイメージを共有しながらそれぞれの課題をクリアすることを支援します。

キーワード＝年齢、個人、個性、興味・関心

③一人遊びからクラス全員の遊びまで応えられる

机上のパズルなら一人遊び、大縄跳びならグループ遊び、大型遊具なら制限内の人数と、遊びの道具や環境の多くに使用人数の範囲があります。しかし積木は、種類と数が用意されていれば、一人遊びから二人遊び、グループ遊び、クラス全体の遊びまで、その時の遊びの流れで柔軟に対応できます。しかも、積木遊びでは、途中抜け、途中入りも可能です。クラス全体で大きな遊びを進行させている中でも、積む行為の楽しみを一人ひとりに保障してくれます。人数にあわせて表情を変えてくれるのが積木という素材なのです。

キーワード＝一人遊び、二人遊び、グループ遊び、集団遊び

④様々な種類の遊びを展開できる

（1）積木遊びの多様な教育的価値②～④（p.5~6）でも説明したように、積木遊びには様々な遊びの要素が含まれています。保育環境に積木を用意することで、様々な遊び体験を保障できるようになります。一つの素材でこれだけの遊びの種類をカバーできることは、保育の環境素材としてはとても有効です。

キーワード＝構成遊び、構造遊び、役割遊び、操作練習遊び、絵本・お話の世界

⑤遊びを中断、継続できる

保育現場の日常には様々な時間的制約があふれています。没頭していた遊びが不意に中断されることで、子どもの気持ちが続かないことや、片付けのことを考えるあまり、保育者が遊びを制限してしまう場面もあります。しかし、積木という素材の特性は、遊びが中断されることになっても、そのままの形で残ることを許してくれます。途中で一度やめて、時間をおいて、遊びを再開することができます。食事や昼寝を挟んだり、日をまたいで遊びを継続できることで、新しいアイデアが加えられて、遊びが発展していくこともあります。保育という毎日のスケジュールの中で、積木は子どもの楽しさが持続する遊び環境を実現してくれます。

キーワード＝中断、再開、継続、保存、展開

⑥様々な保育形態に対応できる

積木が、様々な発達段階、人数の大小、遊びの種類、時間的な制約に対応できるということは、様々な保育の形態にあわせて導入できるということも意味します。同年齢クラスでも、異年齢クラスでも遊ぶことができます。一定の空間と時間があれば、保育現場の状況

にあわせて遊びに活用できます。保育室内に積木遊びの空間を用意できない場合でも、ホールなどの一角にコーナーを設置することも可能です。積木という素材は、様々な保育の状況に柔軟に対応してくれるでしょう。

キーワード＝同年齢、異年齢、時間、空間

⑦遊びの経過が見える

積木遊びは、積まれた状態が留まっているので、遊びの経過を目で見ることができます。子どもの発達状況、興味関心などを詳しく把握することができ、保育者にとって、子どもの援助の見通しを立てるためのヒントになります。写真撮影も簡単なので、遊びのプロセスを記録して、保育研究、園内研修の題材にも活用できます。これらは、保護者にとっても、日常的に子どもの遊びを目で見て、成長を実感することにもつながります。

キーワード＝記録性、子ども理解、保育研究、保護者の遊び理解

⑧高い収納力で、空間を有効活用できる

保育現場において、遊びの空間づくりと道具や素材の管理は、切実な課題です。本来であれば、子どもが求める遊具をたくさん所有して、タイミングにあった素材・環境を次々と提供して、必要でなくなれば片付けておきたいところですが、空間には限界があります。積木は、そうした問題解決にも役に立ちます。積木遊びは、保育室いっぱいに大きく展開しますが、箱に戻すと驚くほど小さくなります。その収納性の高さは、保育空間を効率的に活用する上で大きく貢献します。移動も容易にできるので、クラス間での貸し借りも可能で、倉庫管理にも便利です。

キーワード＝省スペース、収納、片付け、移動

⑨耐久性が高い、安全、汚れない、ゴミが出ない

積木は、壊れにくい遊具で、何年にもわたって、繰り返し遊ぶことができます。定番ブランドの積木であれば、何十年も同じものが製造されているので、補充や追加購入ができます。長期的に考えれば、消耗素材に比べて、経済効率の高い保育環境素材といえます。また、乳幼児が遊びで使うことを前提に製造されているため、厳格な安全基準をクリアしています。そして、準備と後片付けの負担が少なく、保育室が汚れないということも、保育者にとっては大きな魅力の一つかもしれません。環境問題を考えた時、構造遊び特有の不必要なゴミを出さないことも大事にしたいポイントです。

キーワード＝再利用、壊れにくい、形が変わらない、ゴミが出ない

第2章　子どもの発達と積木遊び

子どもの発達と積木遊び

子どもの発達にあわせて様々な表情を見せる積木遊び。子どもが、五感と身体を通して、積木という素材に働きかけ、積木素材との相互作用を通して、豊かな遊びと学びを体験していることがわかります。乳児期の発達から幼児期の発達までを見通しながら、積木遊びを理解していきましょう。

(1) 乳児期からはじまる積木遊び

乳児期の子どもの動きは、すべてが遊びといえます。生まれてすぐの子どもは、反射的な動きを繰り返しながら、自分の身体を学んでいきます。首を動かし、身体をひねり、寝返りながら、視界をひろげて外界を学習していくのです。少しずつ自分の世界をひろげてい

きながら、まわりにあるモノや人に反応して、触れながら、それらの性質を学び、動きを学んでいきます。

①いじる・探る遊びから

いじったり、口にいれたり、さわったりなどのいじり遊びを繰り返して、外界の情報を収集します。最初は自分の身体をいじりますが、身体発達に伴い、動ける範囲もひろがると、まわりにあるモノをいじるようになっていきます。

いじるという行為は、人にとって大切な行為です。さわったり、なでたり、匂いをかいだりして、重さや形、材質など、モノの違いを学習していきます。さわったらどうなるのか、動かすとどうなるのか、たたいたらどうなるのかを、自分でやって体験しながら、行為と結果を学びます。これらを繰り返し練習しながら、モノの性質を知り、行為の原因と結果を知り、自分の身体を知っていきます。

いじり遊びは、具体的に「動かす」とか「入れる」とか「出す」とか「置く」といった行為の元になります。自分以外の珍しいものを積極的に見つけて、様々なものに触れる過程

で、そのモノの素材、形、性質を知っていくのがいじり遊び、探索遊びです。ザラザラしているのか、つるつるしているのか、形は丸いのか角張っているのか。それらがわかるようになると、そのモノの用途がわかるようになります。よく転がるのか、手にしっかりとひっかかるのかによる扱い方の違いもわかっていきます。遊びを通して、自分の身体の機能を発達させ、自分以外のものを知り、関係をつくっていきます。

②素材を操作する、行為を練習する

子どもの動き、遊びは、まわりの環境に大きく影響されます。目の前にモノがあれば手を伸ばしてさわろうとします。穴があれば手を入れようとします。蓋があればとろうとし、スイッチがあれば押そうとします。穴から何かが出ていれば引っぱって出そうとします。目に見えるものや状態に素直に反応しようとします。

乳児のクラスの環境に、ボウルとお玉が用意されているのは、子どもの移し替える行為（遊び）の欲求に応えるためです。蓋に穴のあいた入れ物が用意されているのは、サイズの合う素材を入れたり出したりする行為（遊び）を引き出すためです。壁やサークルに設置された遊具は、子どもが、自分の行為がもたらす変化と結果を見て楽しめるようにしているのです。子どもは、そうした遊びを満足するまで繰り返し、飽きたら次の興味ある素材と遊びに向かいます。そうやって、一つひとつ学習していっているのです。

積木遊びの基本的な姿も同じです。そこに積木があるから「さわってみる」「積んでみる」「並べてみる」となります。この遊びを繰り返し練習することで、積木という素材を知り、積む・並べるという行為を学習していきます。いじって探って遊ぶということが、操作して練習する遊びとなって、子どもの発達の欲求を満たしていきます。

子どもたちは、素材を変えて、場所を変えて、内容を変えて、繰り返し遊びますが、それらの中に「積む」「並べる」という積木遊びの基本的な動きが、見えてくるようになります。

成長が進むにつれて、身体全体を使って大きなものを積んだり並べたり、両手を使って素材に集中して積んだり並べたりするようになります。

③意識して積む、つくる、想像する

積んで並べるという行為が自分のものになってくると、次第に「積もう」という意図と「積む」という行為がつながっていきます。積木を積んで不安定さを楽しんだり、素材を特定の場所に並べようとしたりします。そして次第に、長く並べよう、高く積もうという意識

が垣間見えるようになります。「できた！」という達成感を求めて、何度も繰り返し、積み方を学習していきます。遊びを模倣することも増えてきて、となりの子どもと並行して積木で遊びはじめるようにもなります。

そして、積んでできたものが何かを意識して、遊ぶようにもなります。積んでいく中で、言葉がけをヒントにしたりしながら、見立てたり、何かを想像したりする段階ですが、例えば、車や電車などにイメージを重ねて、遊びに展開する姿も見られるようになります。

また、人形遊びやごっこ遊びの中にも、積木素材の活用が見られるようになります。積木だけで遊ぶのではなく、他の遊びの中に積木を活用する姿は、後の幼児期の大きな遊びの展開に活かされることになります。

④積んで、見立てる、想像する、演じる

さらに、積木を上手に積むことができるようになると、身体と同じ高さまで積んだり、バランスが求められる積み方もできるようになります。色の配列を意識したり、対称的な形をつくりだしたりできるようにもなります。積木という素材そのもののおもしろさに気づき、楽しみはじめます。

自分が何をつくっているのか、どういう積み方をしたいのかということが自覚できるようになってくると、明確なイメージの構造物ができあがります。それまでの操作・練習の遊びの要素だけではなく、構成（構造）遊びの要素が見えるようになります。

他者との関係づくりができる頃には、積木遊びの基本的なルールも守れるようになり、一人だけでなく他の子どもと同じ空間で遊んでもトラブルになることが減っていきます。複数の子どもによって遊びが進行して、それに伴って遊びの姿も変わっていきます。積木遊びが空間いっぱいにひろがっていくのもこの時期になります。

幼児期の遊びの原形のような姿が見られるようになり、積木でできたものに自分の遊びの世界を投影しはじめます。何かに見立ててみんなで遊んだり、シンボリックな要素が加わわると、模倣遊びや役割遊びも展開するようになります。

（2）幼児期からひろがる積木遊び

幼児期になると、積木遊びの中で、体験・経験したことを再現してつくることが喜びとなってきます。小さな積木をうまく使えるようになると、集中力も持続するようになり、根気よく作品に向かい、想像したとおりに作品をつくりあげます。そして、できあがった積木の世界で役を引き受け、仲間と遊ぶことを楽しみます。

①積む楽しさを体験する

積むことの楽しさを覚えはじめる頃は、積む行為の結果が形となって残ることに達成感を覚えます。高く積もうという気持ちがふくらみ、仲間と協力して自分の身長よりも高い塔を積む姿が見られます。また、様々な積み方に挑戦したり、自分で考えて工夫して、積み込むことの楽しさを体験していきます。

②仲間と共に積む

集団での遊びが花開く幼児期、積木遊びにおいても、仲間と共に楽しく積む姿がたくさん見られるようになります。一人ひとりがつくりたいものをつくっていたのが、みんなで一つのものをつくろうとして協力し合うようになります。大きな目標に向かって、アイデアを出し合い、積み方を真似し合い、イメージを共有し、お互いを刺激し合います。

積木遊びの基本的なルールも共有できるようになり、積木の空間を尊重するなどして、クラス全体で何日もかけて積木遊びを続けられるようになります。

③つくることを楽しむ―構成（構造）遊びの要素

子どもは、自分が見たものや経験したこと、信頼できる保育者の話や憧れているものを再現してつくろうとします。社会についての知識も増え、それを再現する積木の技能も高まっているので、家、車、電車などの単体のものだけでなく、動物園や水族館などの体験施設や、街全体、森や海などの自然環境を丁寧につくることが可能になります。そして、一つひとつのできばえにこだわりを持って、精巧に再現しようと様々な工夫を行います。

■ぺんぎん館づくり

旭山動物園の近くにあるこの保育園では、普段から動物園に親しんでいて、夜の動物園を訪れたり、冬のペンギンの散歩などを見たりしています。子どもに人気のあるぺんぎん館をつくる積木遊びです。

保育現場のように、共につくる仲間がいて、積木の種類と量と十分な空間と時間が用意されれば、意欲的に積木の世界をひろげ、仲間と協力して、一人ではつくれないような規模の遊びに積極的に取り組みます。まわりの大人に聞いたり、絵本や図鑑で調べたり、積み方も試行錯誤しながら、質の高いものをつくります。

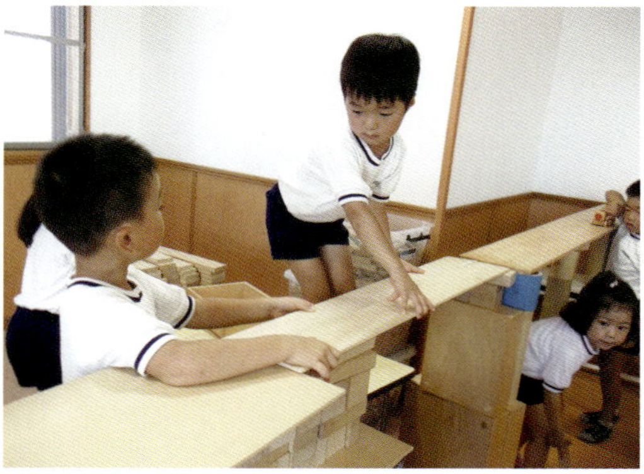

■大橋をつくる

明石海峡大橋に行った体験を持つ子どもの話から、橋をつくる積木遊びがはじまりました。いつしか瀬戸大橋づくりのイメージも加わって、道路と線路が重なる構造を再現しようと試みたり、橋につながる道路網を整備したり、大きな遊びにひろがっていきました。

■牧場づくり

親子遠足で出かけた農村公園を再現する積木遊び。遠足が近づく頃から、家庭で行ったことのある子どもから聞いた話やパンフレットなどから遊びははじまりました。最初は少人数でつくっていたものが、遠足に行った後は、その思い出を語りながら、大人数でつくる遊びに発展していきました。

■お城づくり

地域の誇り「姫路城」をつくる積木遊び。天守閣だけでなく、お堀や石垣、複数の城郭を含んだ城全体を構成しました。彩色した紙材を使うことで、石垣や木々がうまく表現され、また、机を並べた長い城壁より、規模の大きさ、お城のイメージが迫力をもって再現されています。

■海の世界をつくる

夏に、『スイミー』『にじいろのさかな』『ファインディング・ニモ』『うらしまたろう』などの絵本に親しみ、いろいろな生き物が海の中にいることを知った子どもたち。「海の世界に行ってみたい」という気持ちがふくらみ、「潜水艦」をつくり、海の生き物の世界を再現しました。深海の生き物は写真や図鑑などで細かく学習しました。

④つくった世界の中で遊ぶ―役割遊びの要素

子どもたちは、言語力、表現力、環境認識力、コミュニケーション力が十分に育つと、自分たちが体験したことや想像したことを積木遊びでつくりあげ、その世界に自らを溶け込ませながら遊びます。構造しながら、想像をふくらませ、時間をかけて仲間と役割遊びのイメージを共有していく場合もあれば、最初からごっこ遊びを目的に、仲間と積木で世界を構成していく場合もあります。こうした遊びが発展するには、子どもとクラスにそれだけの力が求められます。

クラス全体に遊びの世界がひろがり、その中で積木が創造的に活用される姿を保育者が見た時、子どもの遊ぶ力と、それに応える積木素材のすばらしさを実感することでしょう。

絵本『めっきら もっきら どおん どん』の世界で遊ぶ

船長になって遊ぶ

花祭りの体験を遊びで再現

■ SL ごっこ

JR の整備工場が近くにあるこの園の子どもは、普段から新幹線や電車に親しんでいます。そこに、同県内にある大井川鉄道を見に行った子どもの体験から SL への興味がひろがり、遊びがはじまりました。元々、電車に詳しい子どもたちは大きな SL を見事に再現して、運転士、機関士、駅弁の売り子、客を演じての遊びを満喫しました。

■森の中で遊ぶ

近くのフラワーセンターで見た滝に刺激されて、積木で滝をつくる遊びがスタート。崖の完成の後、水の流れをビニール紐で表わし、石や岩などの実物も配置して滝らしさを再現しました。同時に、絵本や図鑑も見ながら、滝のある森づくりに発展させていき、園の近所にある森に散歩に出かけながら想像をふくらませました。森に住む生き物にも興味がひろがり、鹿の親子をつくったり、家族との体験から、キャンプやバーベキューごっこなど、森と滝と川を土台にしたごっこ遊びが続きました。

■『三びきのやぎのがらがらどん』

絵本『三びきのやぎのがらがらどん』の物語の世界を再現する積木遊び。部屋全体を使って、物語の世界をつくりあげた後は、実際にがらがらどんになって橋を渡ったり、トロル役になったりと、クラス全体でごっこ遊びが展開されました。

■『11ぴきのねこ』

絵本『11ぴきのねこ』シリーズに親しみ、魚釣りやコロッケ屋さんなど、絵本の世界を再現して遊んでいたところに、プラネタリウムに行ったことで、天井を夜空に見立て、惑星や星をつくる遊びがはじまりました。その時『11ぴきのねこ』の「へんなねこ」が来て、天の川をつくっていった、と盛りあがり、「へんなねこの宇宙船もつくろう！」と遊びが発展していきました。

■ディズニーランドで働く、遊ぶ

大きな空間にディズニーランドをつくり、キャストとなって働いたり、お店屋さんをやったり、レストラン屋さんになったり、お客さんになってパレードを観賞したりして、ディズニーランドの世界の中で役割遊びが展開されました。

■自然体験を再現して遊ぶ

宿泊保育で訪れた自然体験施設から戻ってきてから、山と川での遊びを再現して楽しみを継続しました。空中にはつくったトンボを飛ばし、ブルーシートを川に見立て、カニや魚をつくって網ですくう遊びに興じていました。

■消防士になる

避難訓練で、消防士さんから消防車や消防機材のことや消防士の仕事について話を聞いたところから、消防士ごっこ遊びがはじまりました。消防車を積木で丁寧に再現した後、火事現場を想定した消防訓練ごっこ、火事の発生から出動、鎮火までのごっこ遊びが、クラス全体にひろがりました。

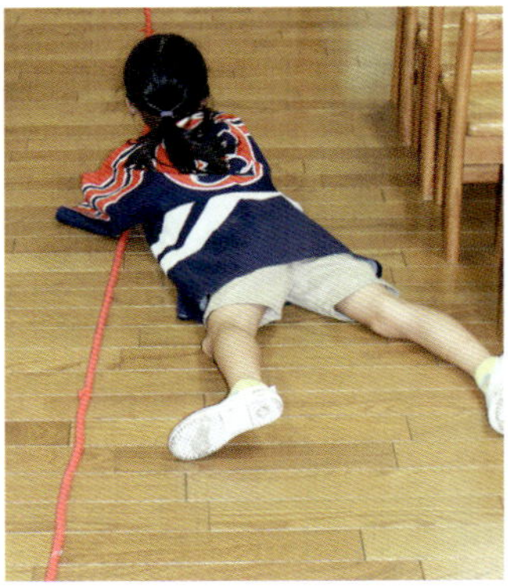

第３章　積木遊びを援助する

積木遊びを援助する

積木遊びが豊かに展開されるためには、保育者による援助が大切です。どのような援助をすべきか、基本的なことを理解しておきましょう。

(1) 積木で遊ぶ場所を用意する
(2) 積木の種類と量を用意する
(3) 遊ぶ時間を用意する
(4) 子どもの体験、経験で遊ぶことを認める
(5) 具体的に援助をする
(6) 保育者が積木の技術を学ぶ

(1) 積木で遊ぶ場所を用意する

積木で遊ぶためには、まず場所が必要です。子どもたちが不自由を感じない程度に広く、他の遊びと交わらずに、昼寝や食事などの生活面に影響しない、積木遊び専用のオープンな空間を用意しましょう。日常的に遊びが展開できて、援助もしやすいことから保育室内に空間を用意するのが好ましいのですが、制限がある場合には、ホールや遊戯室、廊下でも構いません。子ども自身が、「ここなら存分に楽しめる」「邪魔されない」「遊びを中断してもそのままにしてもらえる」と認識できることが大切です。

(2) 積木の種類と量を用意する

発達段階や遊びの欲求に応じられる種類を用意します。基本となる白木の積木以外にバリエーションがあると遊びはひろがります。例えば、乳児であれば、大きくて扱いやすくてケガをしない素材で積めるものがあるといいですし、乳児の後半にもなれば、乗り物など

子どもがよく知っているものがあると楽しめます。幼児になれば、より現実的なイメージが再現できるものがあると便利です。その上で、積木の量も必要です。積木遊びの場合、積木がなくなれば、遊びは止まってしまいます。特に、保育現場の場合は、多くの子どもがいっしょに遊びますので、たくさんの積木があることが大切です。

(3) 遊ぶ時間を用意する

子どもがじっくりと集中して遊べる時間が必要です。積木遊びがはじまったら、できる限り大人の都合で片付けることはせずに、中断を挟みながらも、長い時間をかけて遊びが継続できる環境を整えることが大切です。ただし、子どもの集中力の持続は限界があるので、外遊びと室内遊びのバランスを考えた中での時間の配分が大切です。

(4) 子どもの体験、経験で遊ぶことを認める

子ども自身が、「何をして遊ぶか自由に選べると感じられる」ことが大切です。保育者が、子どもの体験と経験で遊ぶことを認めること、子どもが主体的に遊びに向かうことができるようにすることが、豊かな積木遊びのためには必要です。

(5) 具体的に援助をする

子どもがうまく積めない時や、遊べない時には保育者が具体的な援助をすることが大切です。アイデアを出したり、モデルを見せたり、積み方を教えたりします。そのためには、子どもが何を求めているのか、遊びがどこに向かおうとしているのかを理解する必要があります。その見通しが立てば、あらかじめ用意するべき素材や、具体的に何を援助すべきか決まります。子ども一人ひとりの発達や興味関心を把握しておくことが求められます。

(6) 保育者が積木の技術を学ぶ

保育者が、積木についての基本的な知識を持ち、いろいろな積み方の引き出しを持っておくことはとても大切です。子どものイメージを具体化するために積木について知識を持ち、積み方を知り、子どもの発達と遊びの欲求にあわせてそれらを選択できるようになっておくことが大切です。子どもたちは、日々、遊びを通して様々な積み方を見つけていくので、それらから学び続けることも大事です。次頁以降に保育者が知っておくべき基本的な積み方をまとめました。一つひとつ見ていきましょう。

①基尺を理解する

■基尺とは

保育者が積木遊びを援助するためには、「基尺」を知る必要があります。

基尺とは、その積木を構成する上で基準となっている尺度のことです。積木の「幅」、「奥行き」、「高さ」の長さが、基尺さに合わせた比率になっていることを「基尺が合う」といいます。

基尺が合っている積木では、横に積んでも、縦に積んでも、縦横交ぜて積んでも、何段か積めば高さを合わせることができます。並べる時にも、幅や奥行きを合わせられます。基尺が合っていないと高さがあうことなく、不安定になってしまい、遊びにくくなります。

「積む」というシンプルな行為の繰り返しで成り立つ積木遊びの場合、基尺が合う積木で遊ぶことは、とても大切です。

基尺が合っていれば、積木で立体的な構造物を正確につくることができ、また、高く積んでいくこともできます。

■保育現場での意味

特に、乳幼児期の子どもがいる保育現場では、基尺が合っていることはより重要になります。

子どもの発達段階には大きな差があり、

「レンガ積木」

辺の長さの比率　4：2：1
およそのサイズ　幅 6.6㎝、奥行き 3.3㎝、高さ 1.65㎝

「板積木」

辺の長さの比率　15：3：1
およそのサイズ　幅 12㎝、奥行き 2.4㎝、高さ 0.8㎝

積木遊びの技量にも差があります。また、積木遊びに求めるものも、子どもによって違います。

高く積むことに達成感を得て喜ぶ子どももいれば、精巧な構造物をつくろうとする子どももいます。積木の配列の美しい形に魅力を感じる子どもがいれば、遊びの世界を積木でつくろうと、たくさんの友だちと共に取り組む子どもがいます。

こうした発達課題の差や、遊びの欲求に応えるためにも、保育者は、基尺の合う積木を用意することが大切です。

縦横を別々に組み合わせながら無造作に積みあげても、高さは同じになる

②レンガ積み

■レンガを積むように

積木遊びでは、子どもは様々な積み方を試しながら、積木という素材に慣れていきます。その中で多く見られるのが、この「レンガ積み」です。積木を交互に規則正しく、重ねることで、それぞれが噛み合い安定する積み方です。

様々な工夫をしたり、上手な友だちの積み方を真似したりしながら、この積み方が多くの子どもたちに定着していきます。

石造りの建築文化を持つ国や地域では、

古くからレンガや石を交互に積みあげる手法が用いられてきました。日本においても、石垣など石と石を組んで積まれています。

積木においても、その原理は基本的には同じです。

現実の建築におけるレンガ積みの場合は、レンガとレンガの間は隙間なく埋められ、粘土でつながれています。それに対して、積木遊びにおけるレンガ積みの場合、ピッタリと積木それぞれを密着させるのではなく、適度に空間をあける積み方が多く見られます。

■子どもが積みやすい

大人と違って、発達の途中段階にある子どもにとって、積木を細かく操作することは難しい課題です。

レンガ積みは、目と手の協応を高めている最中の子どもにとっては、適度に隙間があることで、ピッタリ、キッチリしていなくても、少々のズレがあっても積み

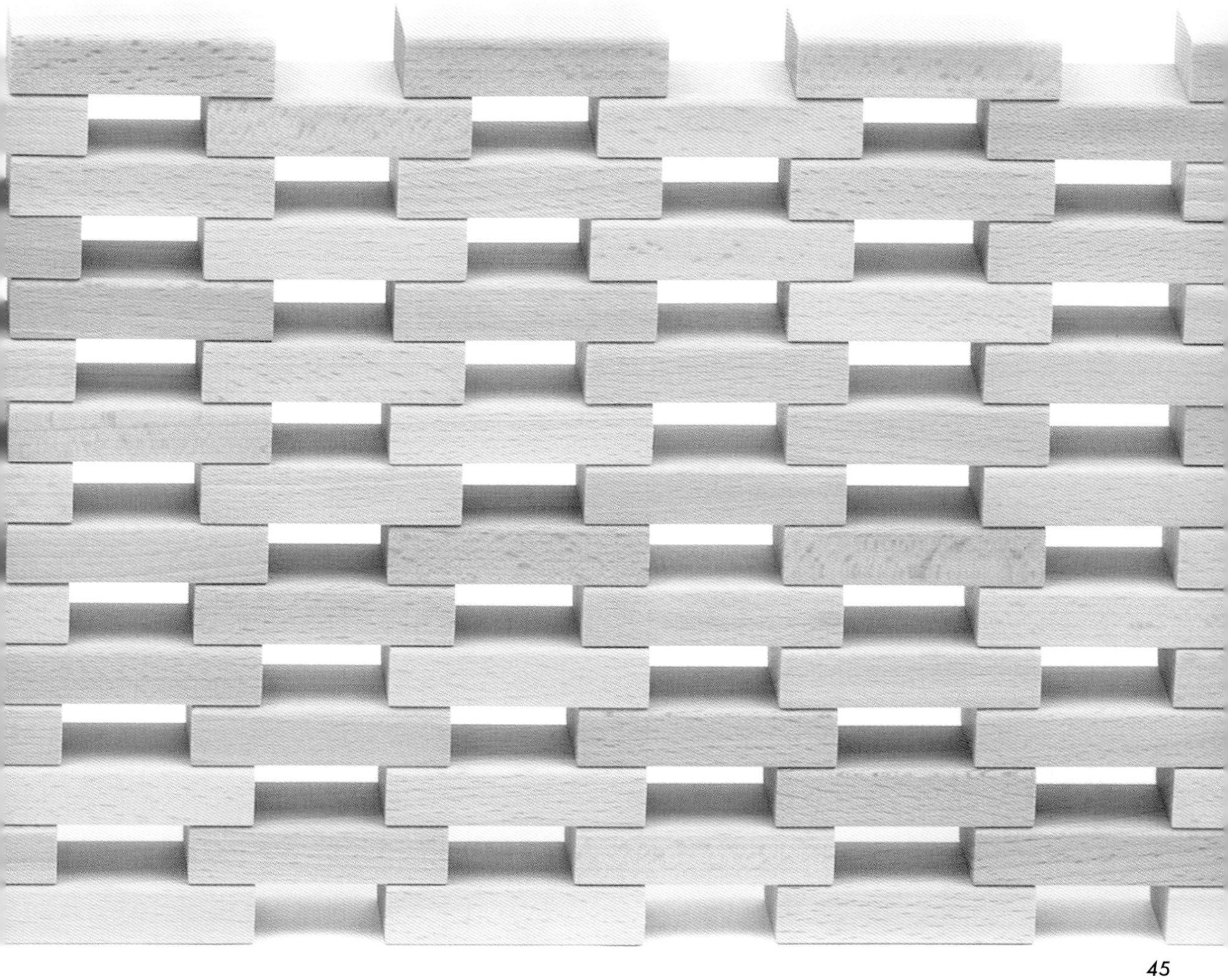

続けることができる利点があります。

隙間があることで、曲線にも対応できるなど、子どもが形を構成する上での柔軟さも持ち合わせています。

同じく隙間があるということは、その空間の分だけ積木の数を節約することにもつながります。同じ数の積木で、同じ時間だけ積んだとしても、隙間のある積み方のほうが、高くて大きなものをつくることができます。積む行為の数も少なくなるので、短時間で積みあがります。

レンガ積みは効率がよい積み方で、汎用性も高く、他の様々な積み方のベースとなる積み方でもあります。

保育現場で積木遊びを指導する際には、まず知っておくべき基本的な積み方だといえるでしょう。

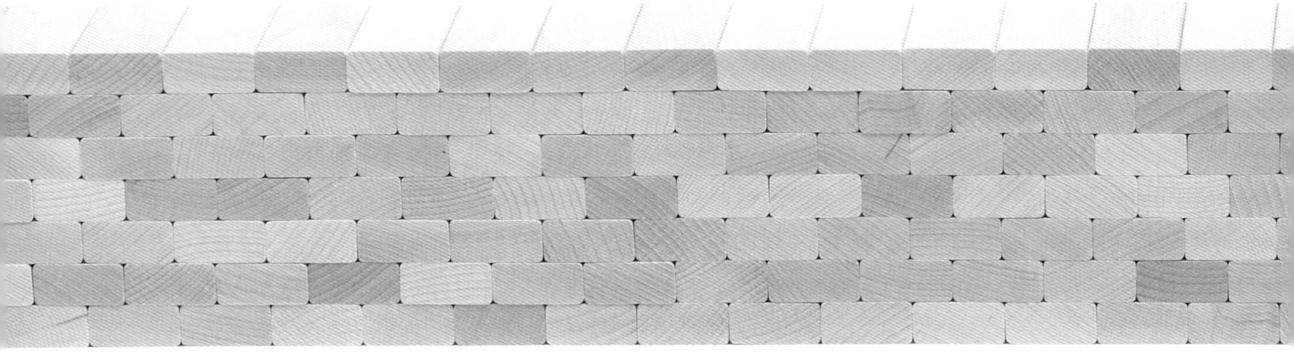

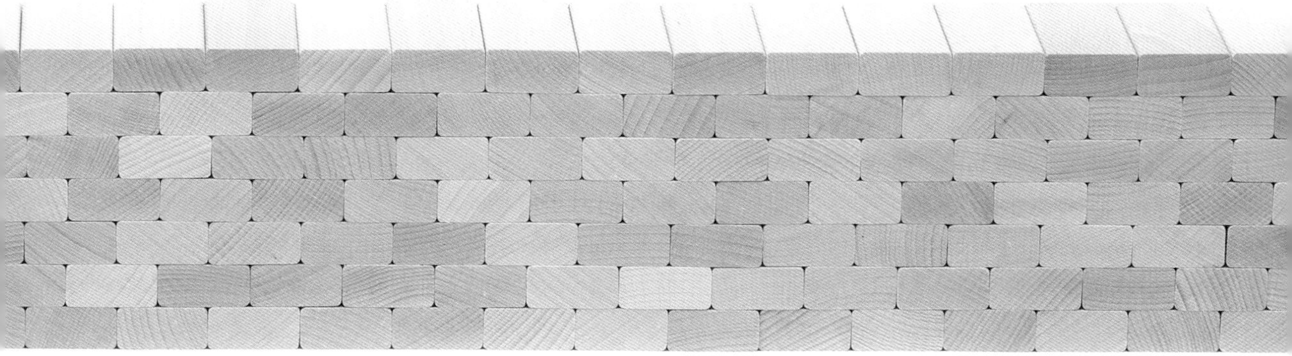

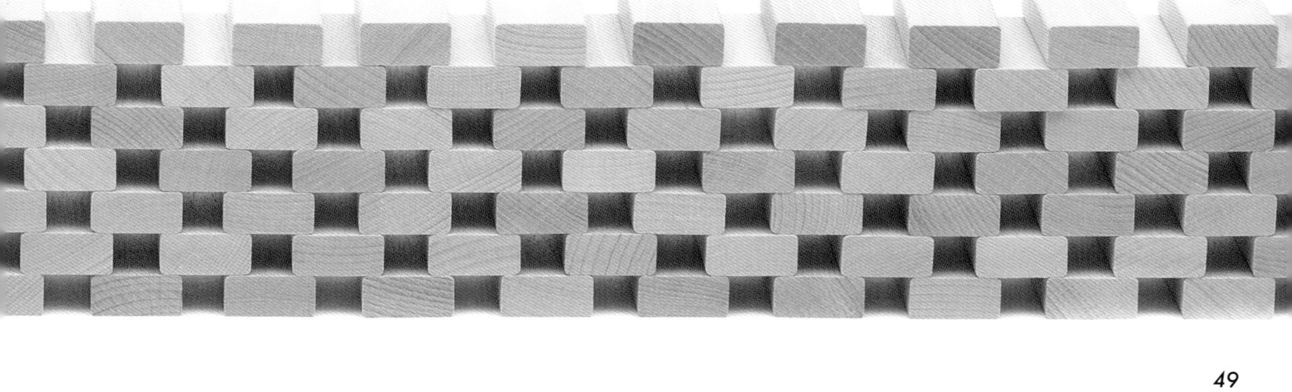

③円を積む

■横からの力に弱い積木

積木は、接着剤でくっつけたり、パズルブロックのように接合したりはできません。そのため、横からの方向の力には弱く、簡単に崩れてしまいます。

レンガ積みであっても、平面的な壁のように積んだのでは、崩れやすい状態になります。

■曲線で強くなる

継続的に積めて、立体的な構造物をつくるためには、縦からの力にも横からの力にも強い構造にする必要があります。

それが、円の形にレンガ積みする方法です。壁は曲線を描き、横からの力に対して強い構造物となります。

円は数ある図形の中で、最も安定した形といえるでしょう。中心からすべての点は同じ距離です。どの点においても弧の角度は同じです。積木が円の形に積まれると、強い剛性を生み出し、横からの力に耐える壁をつくりだします。

■取り組みやすい積み方

円形に積むことは、子どもの発達と課題という意味において、取り組みやすいレベルといえます。

例えば、円の大きさは条件によって柔軟に変えることができます。子どもが意識することなく、身長や腕の長さによって、最適のサイズになります。積木を円に配置していく作業の流れで円のサイズが決まりますので、気軽に積みはじめることができます。

円の形についても、きれいな円である必要はありません。少々、形が崩れていても、剛性には大きな影響を与えることなく積み続けることができます。

最初に積木を配置する時に、始点と終点がつながってさえいれば、ほぼ円形となり、そのまま積みあげていけば円柱になっていくのです。

制約が少ないことと多少のズレが容認されることというのは、子どもの遊びにおいては有効に働きます。保育者が、理解しておきたいポイントの一つです。

子どもは、シンプルに「高く積みたい」という欲求を持っています。砂場で遊ぶ

時に、大きな山をつくったり、大きなトンネルをつくったり、深い穴を掘ったりするように、高く積むということに憧れます。

円形に積んでいけば、積木の数と、集中力が続く限り、子どもが考えている以上に高く積むことができて、それだけの達成感を味わうことができます。

■いろいろな積み方を楽しむ

積木は、目的の構造物をつくるためだけにあるわけではありません。積むことそのものを楽しむ遊びでもあります。積木は、向き、組み合わせ方、重ね方で、様々な表情を見せます。

いろいろな積み方を楽しむ体験は、積木遊びの大切なプロセスです。「ほら見て！」と言いたくなる素敵な積み方を子どもたちは常に模索しているのです。

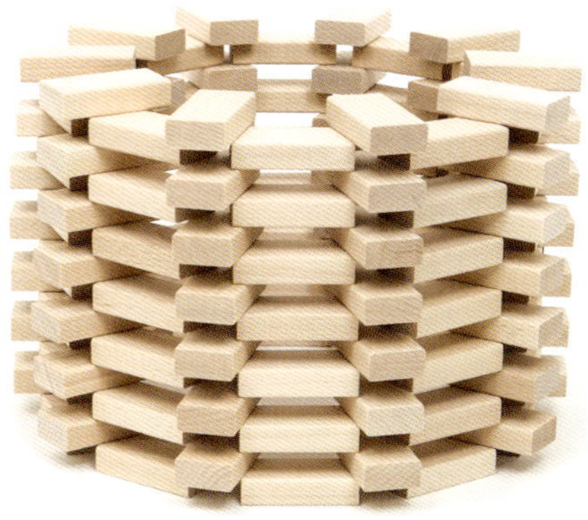

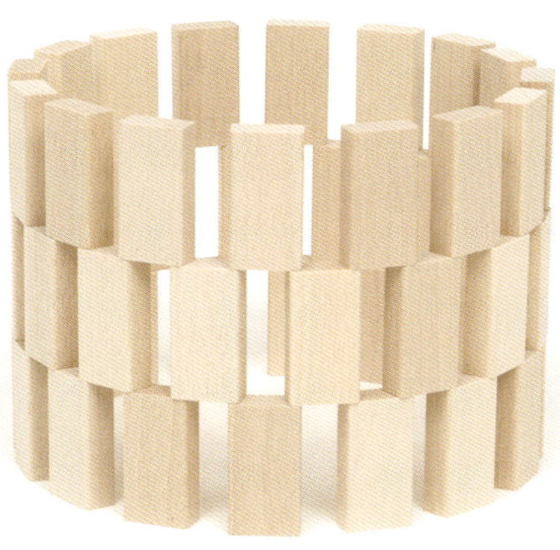

④横に積む、縦に積む

■縦に積む、横に積む

レンガ積みをする場合、どの面を重ね合わせるかで、高さや安定感が変わり、適する構造物も違います。

例えば、左の写真は、積木の大きな面を重ねて積まれています。横にして積むことで積木同士が接する面積が大きく、重心が低くなるので、高さは出ませんが、安定した積み方になります。

一方で、右の写真は積木の小さな面を重ねて積まれています。縦にして積むことで高さが出ますが、積木同士が接する面積が小さく、安定感を欠いた積み方になります。

どちらも、積木の数は同じ（60 個）、積みあげる段数も同じ（10 段）です。しかし、積み方を変えるだけで、高さにこれだけの違いが出て、見た目の印象も大きく変わります。

どの積み方にするかは、求める構造や表現によって使い分けたり、どちらの積み方を楽しみたいかという選択になります。

■横を選ぶ、縦を選ぶ

横にして積む場合、積木の数が必要になりますし、積む行為もそれだけ多くなるので時間がかかります。それは、集中力を長く保つ必要があるということにつながります。しかし、接触面積が広く安定感がありますので、大きくて広い作品をつくる時に、崩れる心配が少なく、安心して積み進めることができます。

縦にして積む場合、少ない積木の数で高さを出すことができますし、時間の短縮にもつながります。一方で、しっかりと安定させるには、規則正しく積む技術が求められます。見た目の印象も、薄さや面が強調される構造物に向いています。

保育者としては、子どもの欲求にあわせて、積み方のモデルを示したり、提案するのがよいでしょう。

⑤四角と三角を積む

■直線と角を積む

四角の形に積みあげることができれば、積木遊びにおける構造物のイメージは大きくひろがっていきます。城やビルなどの建物や、街中の構造物をつくるには、直線と角で構成される四角の形を積むことになります。

しかし、子どもにとっては四角の形を積むのは、円の形を積むことに比べて、課題は難しくなります。

■四角らしさを求めて

直線を直線らしく、角を角らしくするには、形や大きさをはっきりとイメージす

る力が必要です。

全体の形の長さを想定して、それにあわせて角度を調整したりします。イメージしたとおりに積まれるように、積木を細かくコントロールする力が求められます。

例えば、四角の構造をつくるには、４つの直角を構成する必要があります。円の形を積んでいた時のように、流れにまかせて積んでいくだけではうまくいきません。意図的に、角をつくる必要があります。

きれいな直角をつくることは、四角らしい四角を積む上で大切なことです。角らしい角になるように、積木の先端を直角に交互に重ねます。

その上で、平行する四角の上下の辺の長さ、左右の辺の長さを同じにするために、４つの角の位置を意識しながら、辺の長さを調整して積木を配置していくことが求められます。

直線に積みあげると、円形と違って曲線がないだけに、横からの力に弱くなります。辺の部分が長くなればなるほど、不安定になります。積木の隙間も広げると

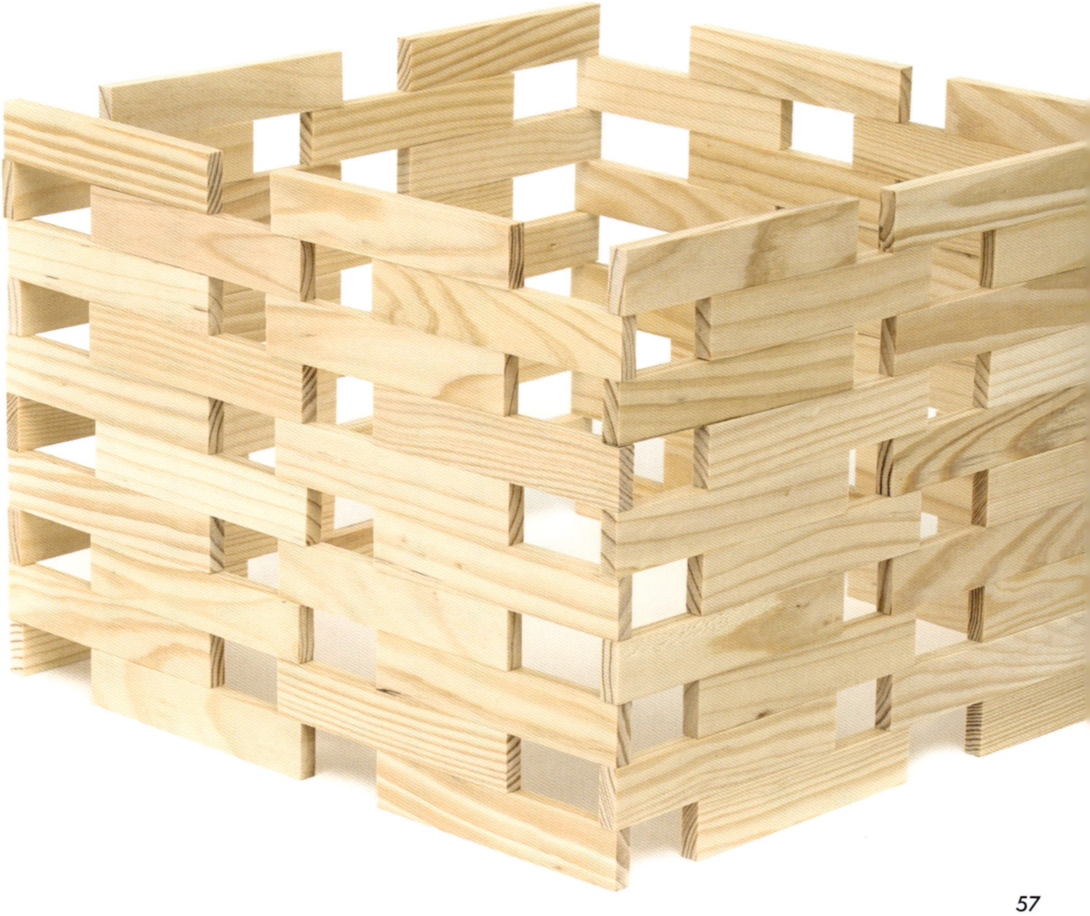

不安定になりますので、そのあたりを考慮しながら積みあげることが大事になります。

■三角を積む

そもそも、積木は「四角」で、ただ単に組み合わせれば、カクカクした構造物に積みあがります。しかし、それを隙間をあけて、少しずつ向きを変えながら並べることで、円の形を表現することができます。

同じように、並べ方、重ね方次第で、三角形、つまり「とんがり」を表現することができます。ポイントは、角が三角らしいとんがりになるように交互に重ねることです。

世の中には、船首や鳥のくちばしなど、三角形のものがたくさんあります。三角形を表現できることは、構造のイメージをさらにひろげることになります。

保育者は、子どものつくりたいイメージを理解しながら、そして、その子どもの発達や積木の技術を考慮に入れながらこうした形を提案したりするべきでしょう。

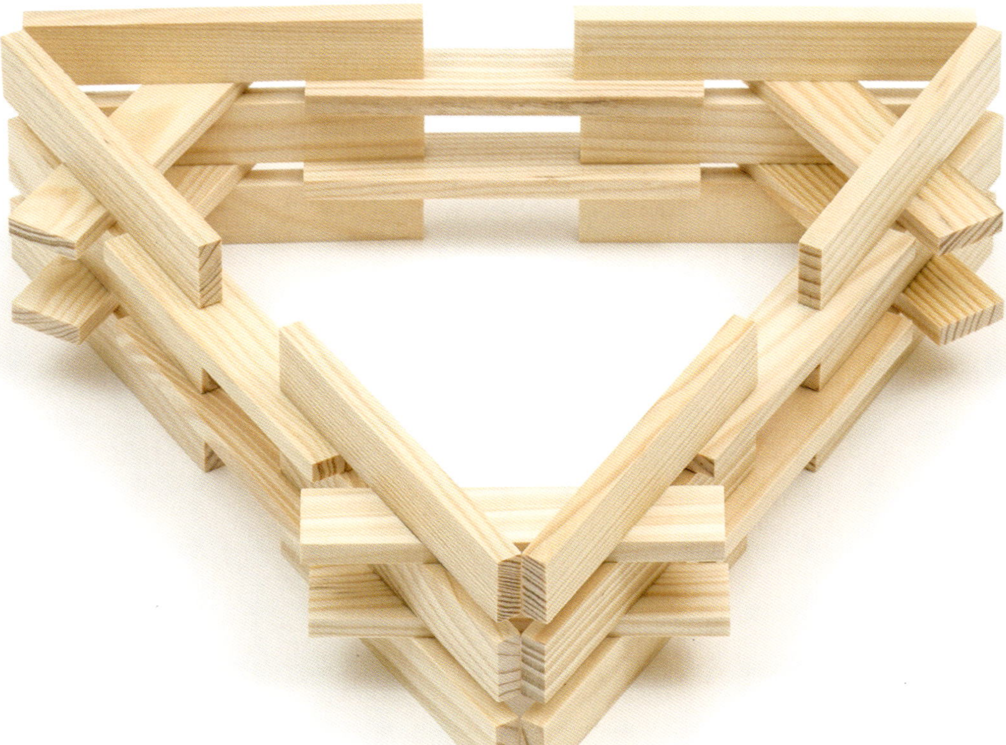

⑥屋根を積む

■建物には屋根がある

積木遊びにおいて、子どもがまず取り組む遊びが「建物をつくる」でしょう。簡単な家をつくることから、住んでいる地域の観光名所や神社仏閣まで様々な建物をつくろうとします。世界各地の有名な建築物もつくりたいと願います。

建物には必ず「屋根」があります。「屋根」は建物の象徴的な部分であり、屋根がホンモノらしいことは、建物全体の質感を左右します。

特に屋根は、西洋らしさ、日本らしさの違いを明確にしますので、いろいろな見え方のする屋根を積めることは大切なことだといえます。

■積木の種類によって

レンガ積木の場合、幅・奥行き・高さの比率から、詳細な屋根づくりは難しいのですが、シンプルに段差をつけて積みあげることで、三角の屋根の雰囲気を出すことができます。ピラミッド状に徐々にずらして積むことで、立体的でリアルな

屋根をつくることができます。

板積木の場合は、その形状からいろいろな種類の屋根をつくることが可能です。西洋のお城のようなとんがり屋根をつくることもできますし、日本的な雰囲気の屋根をつくることもできます。

子どもの積木の技量が上がるにつれて、様々な形の屋根が出現するでしょう。

⑦入口と窓を積む

■「らしく」見えること

子どもの遊びは、少しの「見立て」から世界がひろがります。特に、積木遊びにおいては、「らしく」見える、「っぽく」見えることは、とても大切です。

積木で円形や四角で壁をつくった時、もしその壁に穴があいているように積むことができれば、入口と窓に見立てること

ができます。ただの構造物に、入口と窓ができるだけで、家らしさが強調され、子どもの想像がふくらみます。さらに、そこに屋根を置けば、より一層、家としてのイメージが強調されます。

家と認識できれば、子どもはその家に愛着を持ち、その世界を深めようとして、

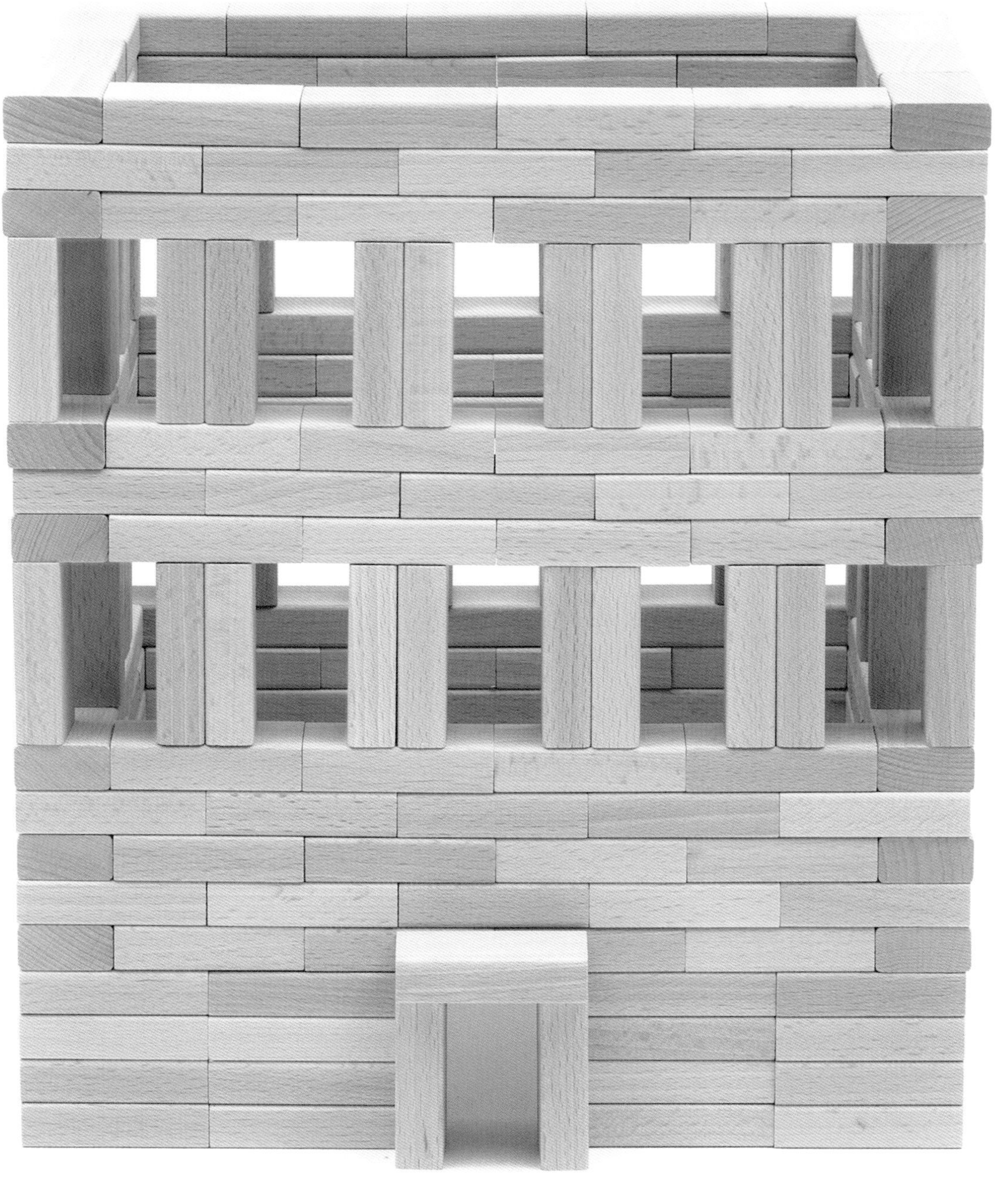

家に関連するものをつくったり配置したりしようとするはずです。

入口や窓をつくるには、いくつかの方法があります。

基本的には、積木を縦や横に配置して、入口や窓の空間をつくります。ただの穴になるのか入口になるのか、窓のようになるのかは、つくり方、見せ方で大きく変わります。

補助用の積木（p.70, 76）を組み合わせることで空間をつくる場合もあります。

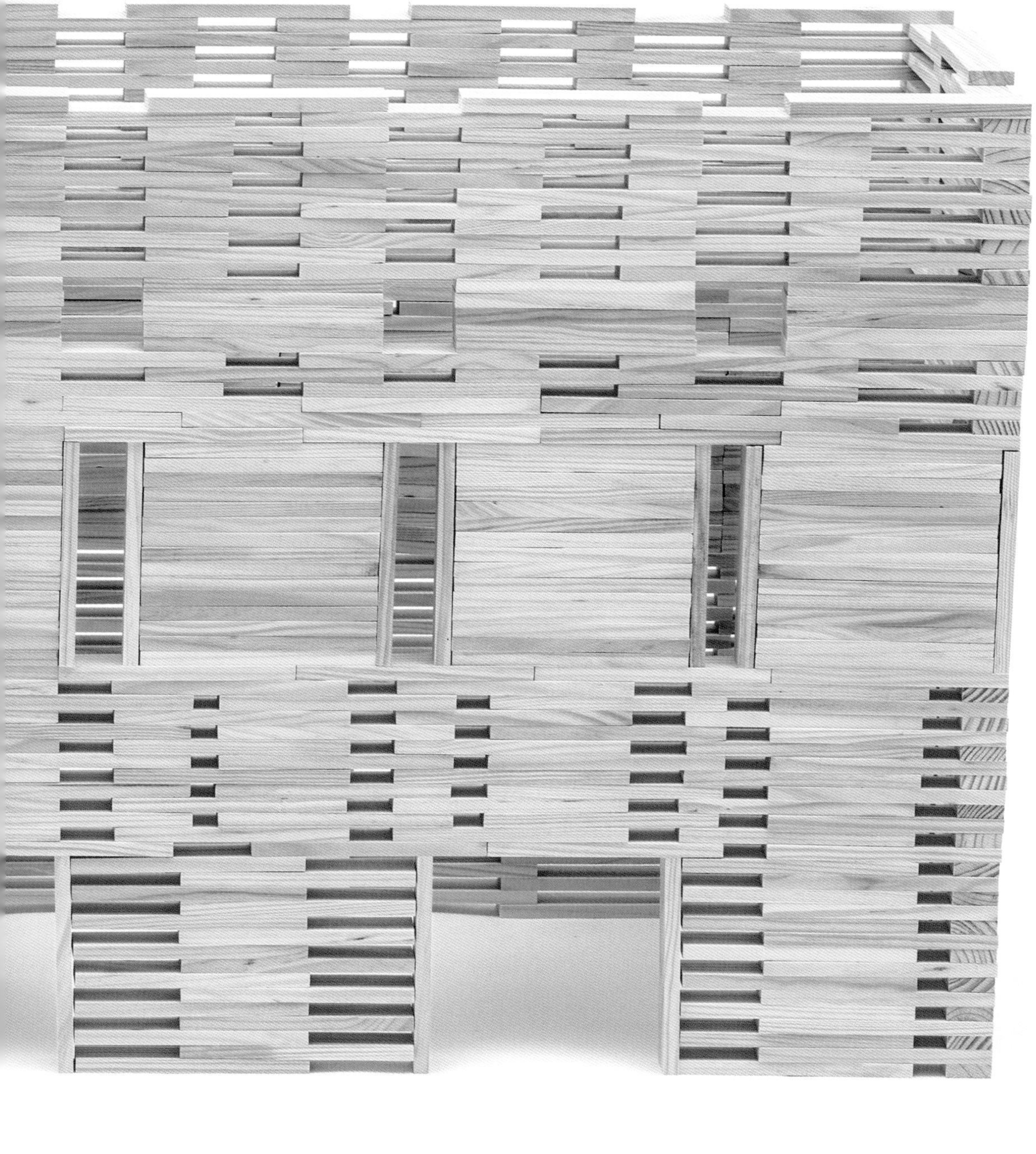

⑧階段を積む

■階と階をつなぐもの

立体的な空間の中に、1階と2階、地上と屋上が展開される時、それらをつなげる役目として、階段が必要になります。階段があれば、上から下へ、下から上へ、物語の主人公が遊びの空間の中を自由に行き来することができます。

階段は、積木を下から上に1段ずつ数を減らして積んでいけば簡単につくることができます。ただ、その方法はいくつか

あります。

一つは、同じ向きに並べて積みあげるやり方で（写真左）、段々らしさが強調された側面で、最も階段らしく見えます。ただし、積木が噛み合っていないので、不安定です。そこで、レンガ積みを組み合わせるやり方（写真中）で、高さに強く安定した階段をつくることができます。

高い階段をつくるために、柱を置いて階段をつなげることで、空中に浮いているかのような階段になります（写真右）。少ない積木の数で、高い階段がつくることができますが、高度な技術が必要になります。

⑨補助素材を活用する

■補助素材① 長い、短い

積木遊びをすすめていると、「ここで、もう少し長い積木があればいいのに」とか、「半分の大きさの積木があればいいのに」という場面に出会うことがあります。

例えば、レンガ積みの端にピッタリ収まる半分の長さの積木があれば、きれいに縁取られた窓や入口をあけることができます。積木に長さがあれば、入口の幅を広くできますし、それが何本もあれば天井をつくったり高架道路に見立てることもできます。

この「長く」「短く」の欲求に応えるのが、積木セットに組み込まれている補助積木の存在です。例えば、レンガ積木の場合、「ウール・レンガ積木 補充用」（以下、「補充用積木」）があります。同じ基尺に収ま

「ウール・レンガ積木 補充用」

る形で、段階的に違う幅が用意されています。

建物構造の補助用としても使えますし、道路や橋、船や飛行機、動物といった様々なものをつくる時に、レンガ積木の中に自然に入れることができます。

選択肢が増えれば、組み合わせの数も増えます。基本サイズの積木が十分にある場合には、ぜひとも活用したい素材です。

■補助素材② 様々な形

積木セットには、様々な補助素材があります。先に紹介した「補充用積木」と同様に、レンガ積木には同じ基尺の「半球積木」「カーブ積木」「ジグザグ積木」があります。これらを組み合わせることで、形そのものの違いを利用して見た目、雰囲気に変化をつけることができます。

例えば、三角形を使ってとんがった屋根構造を表現できますし、柱や窓にも雰囲気の違いを表現することができます。球体やそれにあわせてくりぬかれた形もあり、様々な表現が可能です。

上部がアーチ形の窓をつくれば、西洋建築を想像させますし、リボンのような形の柱を使えば、古代ローマを思わせる建物がつくれます。日本に古くからある格子窓を想像させたり、丸い船窓を思い起こさせることもできます。

「半球積木」

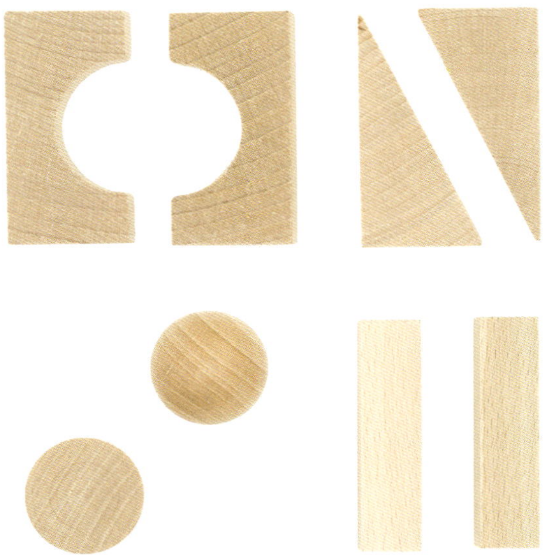

「カーブ積木」

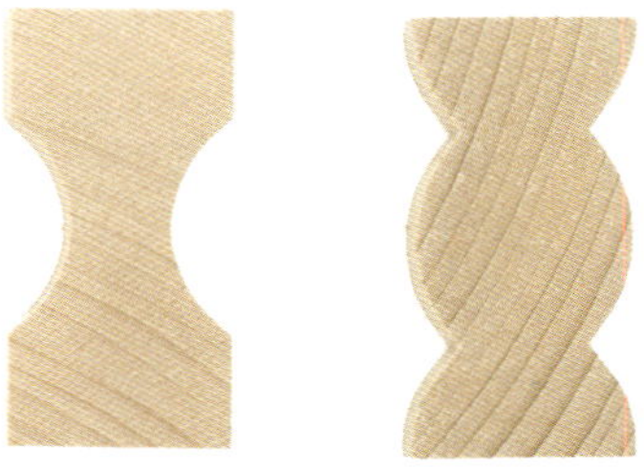

「ジグザグ積木」

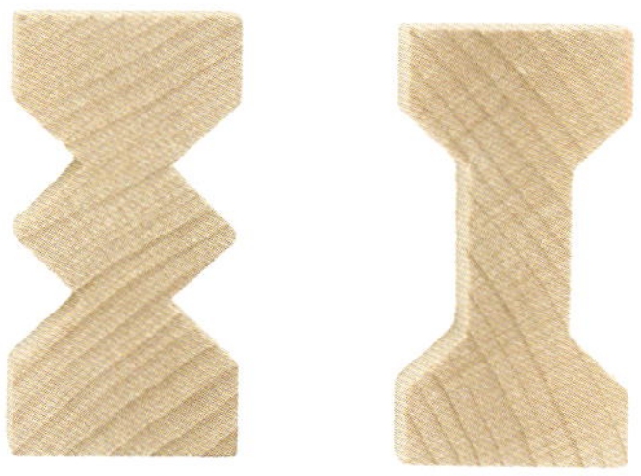

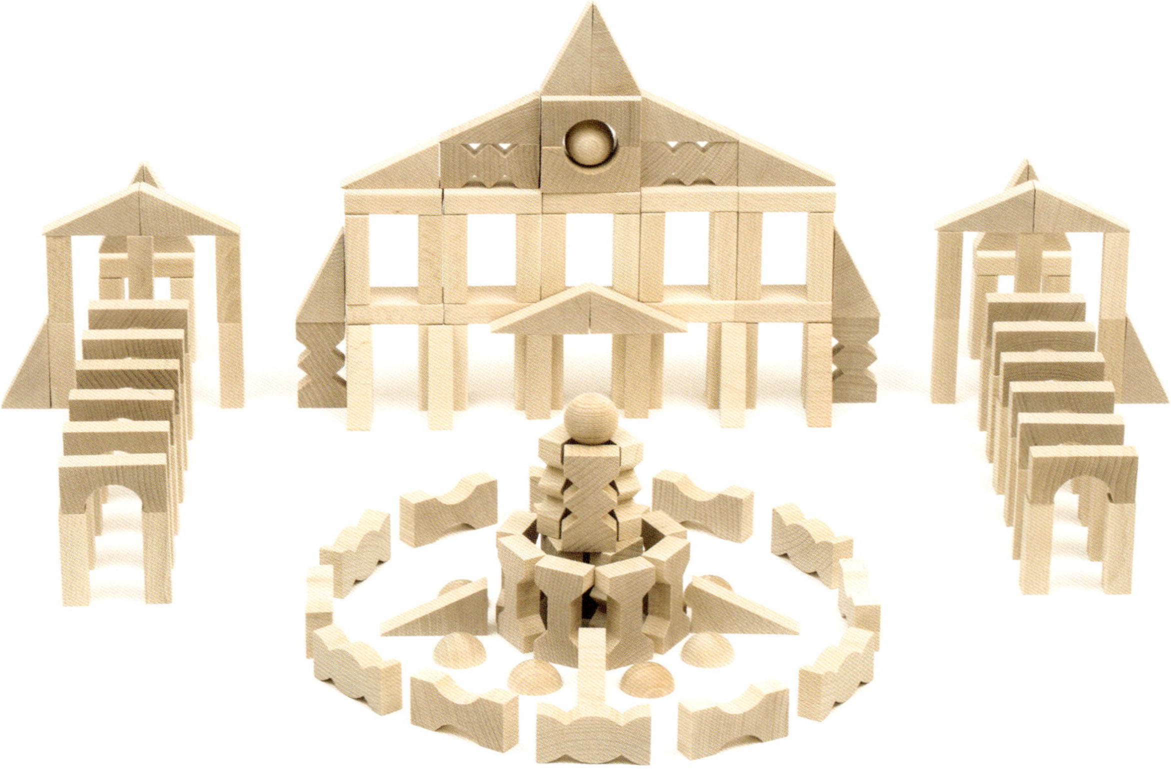

様々な「らしさ」を表現する手法として、押おさえておきたい積木です。

■補助素材③ 平面を挟む

積木遊びをひろげる補助素材に、「平面素材」があります。ここでいう平面素材とは、いわゆる板状の構造です。積木を積んだ上に、板を置くことで、構造に新たな展開を持ち込むことができます。

ある程度積んだ後に、平面素材を上に置くと、その平面上に新たに積みはじめることができます。平面のサイズが大きければ、それまで積んでいた積木の面積よりも大きい積木遊びが展開できます。

例えば、大木の幹をイメージして円形に積んでいった後に、丸い平面素材を入れて、木の枝を２本、３本と分けることができます。さらに、四角の平面素材を挟めば、その上にツリーハウスをイメージした構造を積むことができます。

一旦平面素材を挟むことで、違う種類の積木を入れることも、違う形の構造を組み合わせることも可能です。

平面の補助素材には「スケーラ」があります。サイズが段階的にそろえられていて、目安となる模様が入っています。

平面を積木構造の上に配置する際に大切なのは、安定感を保つために、重心をずらさないようにすることです。スケーラの場合、同心円や同心四角の模様があるので、中心を外すことなく積んでいくことができます。

スケーラは、等間隔でサイズが異なる５枚の板で構成されています。例えば黄色の円に合わせて積木を積みあげていくとします。ある程度まっすぐ積みあげたところで、また黄色の円に合わせてスケー

「スケーラ」（丸型）

「スケーラ」（角型）

ラをのせれば、作品の重心はずれにくくなります。

積木の安定感を保つためには、高くなるにつれて生じるガタつきを抑えることも大切です。積みあげの途中にスケーラを挟み込むことで、それらは解消されます。

積木遊びが大きくなればなるほど、平面素材を活用する場面は増えていきます。保育者としては、積木遊びの環境構成の技術として、平面素材を有効に活用する方法を知っておくとよいでしょう。

■補助素材④ 間に挟む

レンガ積木における「補充用積木」の半分サイズの積木と同じように、板積木の構造を支援する補助素材として「チップス」があります。板積木と同じ基尺でつくられた正六角形の木片です。

豊かな表現力を持っている板積木の可能性をさらにひろげる素材です。

板積木は細長いことが特性ですが、長いゆえに制約が出てくる場面があります。そうした時に、最小辺のサイズでつくられているチップスがあることで、様々な構造場面で活用することができます。

入口や窓のような空間をあける時にも使えますし、積みあげの端の部分に使うことで、作品に大きな切れ目をつくることもできます。

「チップス」

見立ての幅をひろげる役割も果たします。動物の目玉に見立てたり、車輪に見立てたりできます。

チップスが、正方形ではなく六角形であることも注目したいところです。板積木の厚みはあまりないので、隙間に入れたり、出したりという作業をするためには、正方形では指のひっかかりが少ないのです。六角形の角の部分は、適度に指にかかり、操作性を高めています。

六角形を並べて模様を楽しむこともできます。積木遊びにおいて、様々な見立て

の素材として、活用することができます。

板積木を用いた積木遊びに慣れてきた頃、新しい素材として提供すると、遊びがステップアップしていくでしょう。

■補助素材⑤　見立て

「モブス」と呼ばれる補助素材もあります。積むことを支援する素材ではありませんが、見立てのイメージひろげるために役立ちます。

「モブス」

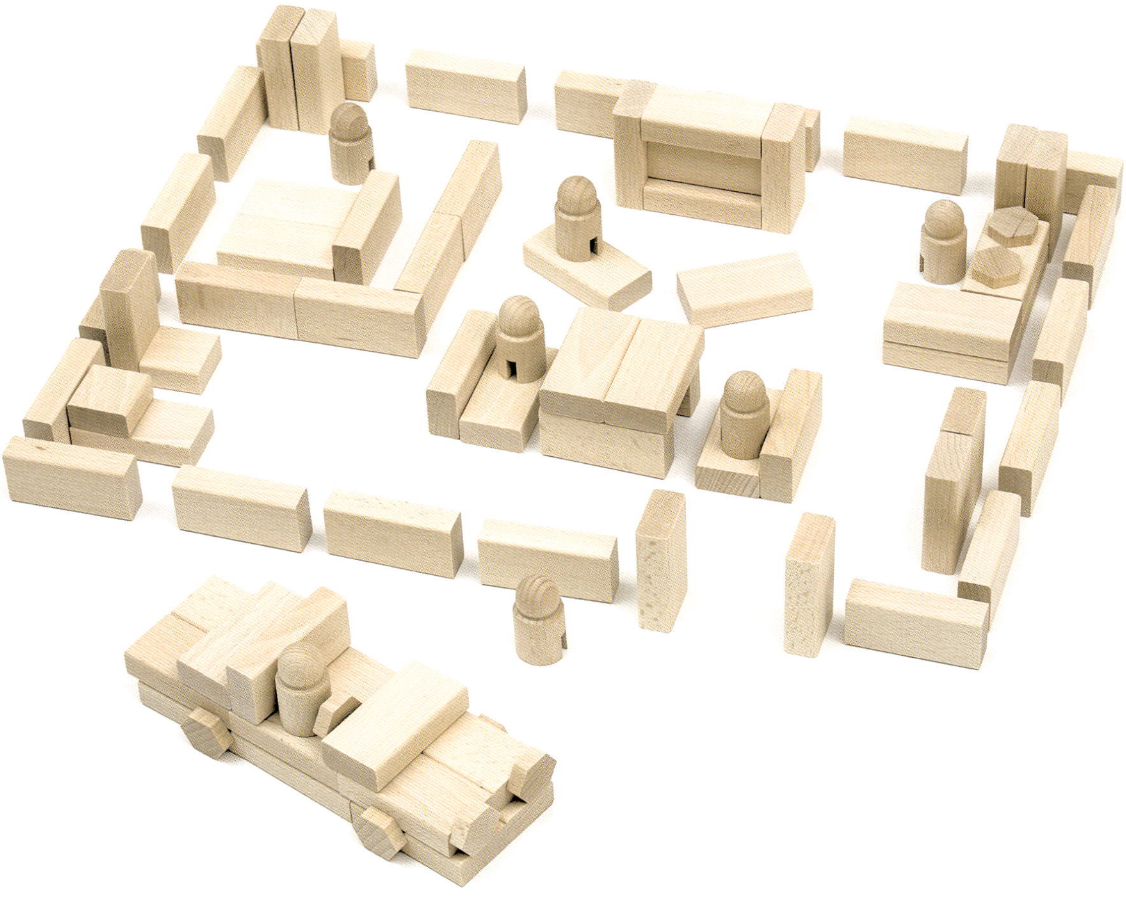

モブスは人に見立てられるような形をしていますが、他にも、橋の欄干、高速道路のガードレール、手摺、動物の足指、車輪など、違うものに見立てることも可能です。ケーキを積木でつくった後、その上に置けばロウソクや果物にもなります。シンプルな構造だからこそ、見立てやすく、様々な表現ができるのです。スケーラと組み合わせて、日本家屋の屋根の先端を表現したりもできます。

くぼみを利用して、紐をひっかけたり、吊るしたりすることもできます。例えば、クリスマスツリーをつくる場合に、ツリーの頂上から飾り紐をたらしてつなぐことも可能です。

■補助素材⑥ 積木の箱や家具

積木遊びをひろげるのは、積木の種類、他のおもちゃ素材だけではありません。遊びが大きくなるにつれて、大きな構造を支え、立体的な空間を構成するためには、保育室にある様々なものを活用する必要があります。

例えば、積木を片付けるための箱を土台に利用したり、構造物の中の柱構造として活用する方法があります。

同様に、保育室にある棚などの家具を使うことも有効です。椅子や机など、高さと広さのあるものを配置すると、積木遊びに高さが出ますし、立体的な世界をひろげることができます。

保育現場の遊びならではの、ダイナミックな素材の組み合わせが、積木遊びの世界を大胆にひろげてくれるでしょう。

保育者は、積木そのものの特性や積み方についての知識を持つ一方で、こうした積木以外の日常の素材をいかに活用するか、という柔軟性も求められます。

⑩様々な素材を合わせる

■様々な色、形、材質

積木遊びにおいて、他の種類の積木や、おもちゃ、人形、布、工作物、自然物などの様々な素材を組み合わせるのは自由です。

子どもたちは、様々な素材を活用して見立ての想像をふくらませて、見たい世界、入り込みたい世界を積みあげようとします。その時、子どもは積木の種類や基尺、材質などにとらわれることはなく、柔軟な発想で素材を選択します。時には、散歩などで手に入れた野外の素材も活用したり、自分たちで描いたり工作したものも組み合わせます。

保育者としては、こうした積木遊びの欲求に応えられる環境を準備することが大切です。

⑪井桁を積む

■基本構造

板積木の積み方の基本パターンの一つに挙げられるのが、井桁《いげた》積みです。２つの積木を平行に並べて、交互にクロスさせながら「井」の形になるように積みあげていきます。

積木の接点が交互に重なっているために、少ない面積、少ない積木数で、安定した

積みあがりを可能にします。

積み方は、キャンプファイヤーなどで薪を積むのと同じ要領です。「井」の形よりも「ロ」の形になるように、接点の間隔が広いほうが、安定します。

井桁積みは、見た目が井の形で柱のようになっていますが、原理としては、いわゆるレンガ積みとまったく同じです。レンガ積みの始点と終点を最小の積木数でつなぎ合わせたのが井桁積みです。

1段目の積木の数を増やしていけば、円を描くレンガ積みになっていきます。逆に円の形のレンガ積みから積木の数を1つずつ減らしていくと最後には井桁積みになります。

通常のレンガ積み同様に、「横に積む、縦に積む」(p.54)で紹介したように、横にして積む方法と、縦にして積む方法があ

り、求める安定感、見た目の雰囲気、使える積木数、時間などを考慮に入れて選びます。

■柱として利用する

井桁積みそのものを楽しんだり、シンプルに高さに挑戦したり、何かに見立てることもできます。しかし、保育現場で積木遊びが大きく展開していく中では、大きなものをつくる時の基本の柱構造として活躍します。

例えば、井桁積みの柱を動物の足のように積んで、上部でつなぐこともできますし、建物の柱として積みあげることもできます。

井桁積みの柱を複数つくって密着させていくことで、大きくて安定した壁のような構造をつくることもできます。配置の仕方や見た目によっては、ビルのようなイメージにすることも可能です。

壁の中間部分や端の部分の構造 (p.88) としても活用できます。家をつくるときの柱パーツのような役目を果たすので、板積木で様々な構造をつくろうとする遊びを支援する場合には、保育者は常に意識しておきたい積み方の一つです。

■立体的に空間を構成する

積木遊びで、大きな構造をつくる時、円や四角の形にレンガ積みをしていくことになります。その場合、外側から見ると、お城やロケットなどの形は表現できても、中は空洞状態になることが多くあります。

積木遊びにおいては、イメージするものを積んでつくる、ということも目的の一つですが、つくるものの世界感をより具体的に細かく表現して、その世界の中で遊ぶ、ということも楽しみの一つです。お城をつくる時も、外からお城に見えるということだけでなく、お城の中でも、いろいろな物語を展開できるとよいでしょう。

中の空間を何もないままにするのではなく、２階構造にして平面を展開することで、人々の生活を感じる構造物にすることができます。イメージがひろがれば、積木遊びは深まり、具体的なものになっていきます。

子どもにとっては、壁で閉じてしまう空間よりも、例えば、ドールハウスなどのように、外も中も「目に見える状態」であることのほうが、見立ての想像力は高まります。

井桁の構造を並べて、積木を平らに敷き詰めることで、高さのある平面をつくることが可能です。高さは井桁の積む数、平面の広さは井桁の構造の数で調整します。積み方によっては、２階構造、３階構造を展開することもできるでしょう。平面素材を活用する (p.74) こともできますが、このやり方であれば大きさや形を自由に調整できます。

立体的な空間構成を実現することで、積みあげた世界がよりリアルで、より具体的で、子どもたちの見立てのひろがりを促すことにつながります。

⑫壁を積む

■壁を構造する

積木遊びが深まるにつれ、構造物が大きくなっていきます。そして、構造にバリエーションが求められます。

壁といっても様々な積み方があります。保育者としては、子どもたちのつくりたいイメージにあったもので、さらに、崩れにくい安定的な構造を積む技術を知っておく必要があります。

例えば、お城をつくろうとする時、大きくて長い城壁を積む必要があります。電車やバスの車両をつくる場合には、窓のある側面が必要になります。街やビルなども、それらしい雰囲気を持つ壁の構造を選択する必要があります。

しかし、ただ単に直線にレンガ積みをするだけでは、長く、高くなるにつれて、崩れやすくなります。

円や四角の形になっている場合には安定しますが、直線的な構造である壁の場合、重心が不安定になり、横からの力に弱く

なるからです。

板積木を一列に直線的にレンガ積みして積みあげるのは、最も一般的な壁構造です。ただし、そのまま横に伸ばしていくだけでは、重心が保てなくなり、倒れてしまいます。そこで、適度な間隔で、井桁積みの構造を間に入れることで、横からの力に耐える柱の役割を果たしてくれます。

■壁の角を積む

柱を入れるのは、ただ支えを増やすためだけではありません。柱をポイントにして、壁に角度を加えて曲げていったり、直角に交わる位置に配置することで、城壁の角にすることも可能になります。

見た目としても、城壁のような雰囲気が表現されます。実際に、日本の城の場合、張り巡らされる塀のところどころに櫓《やぐら》が建てられています。西洋の城壁でも、一定の間隔で塔が建てられています。円形の塔をイメージするなら、井桁ではなく、円柱の構造を挟むように工夫すればよいでしょう。

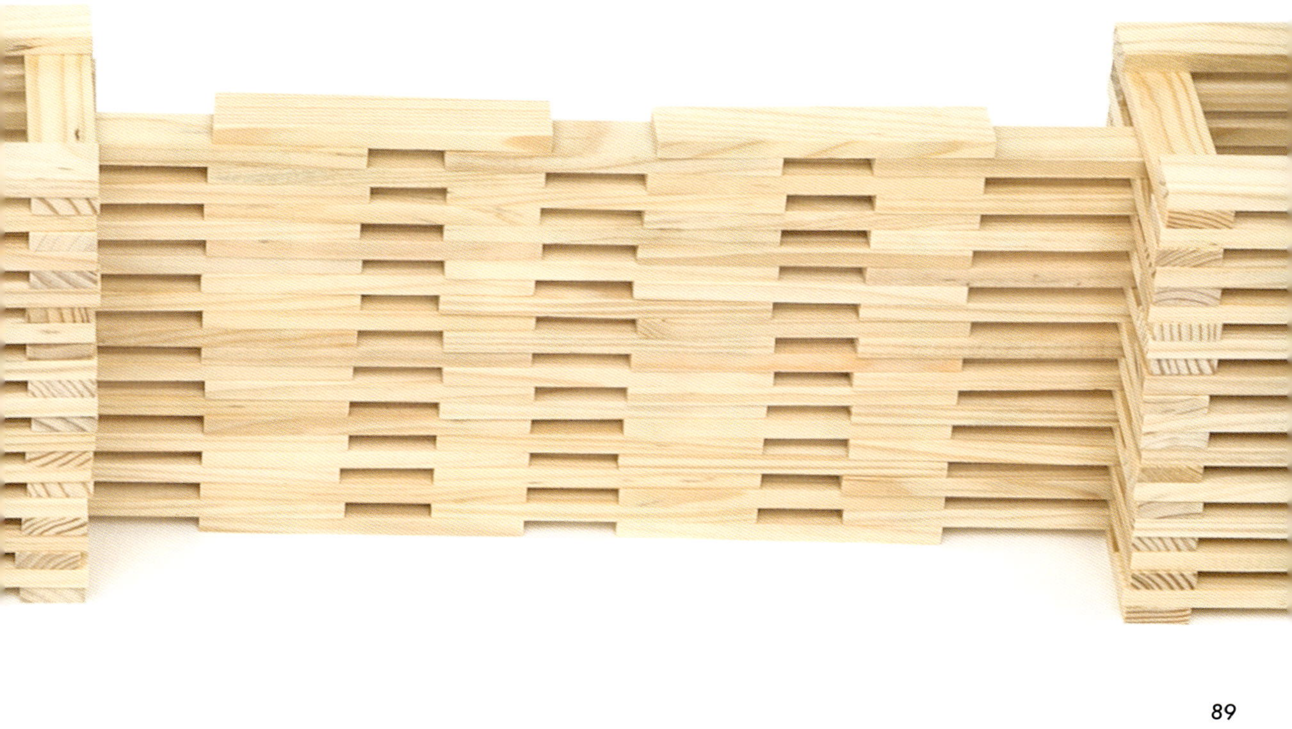

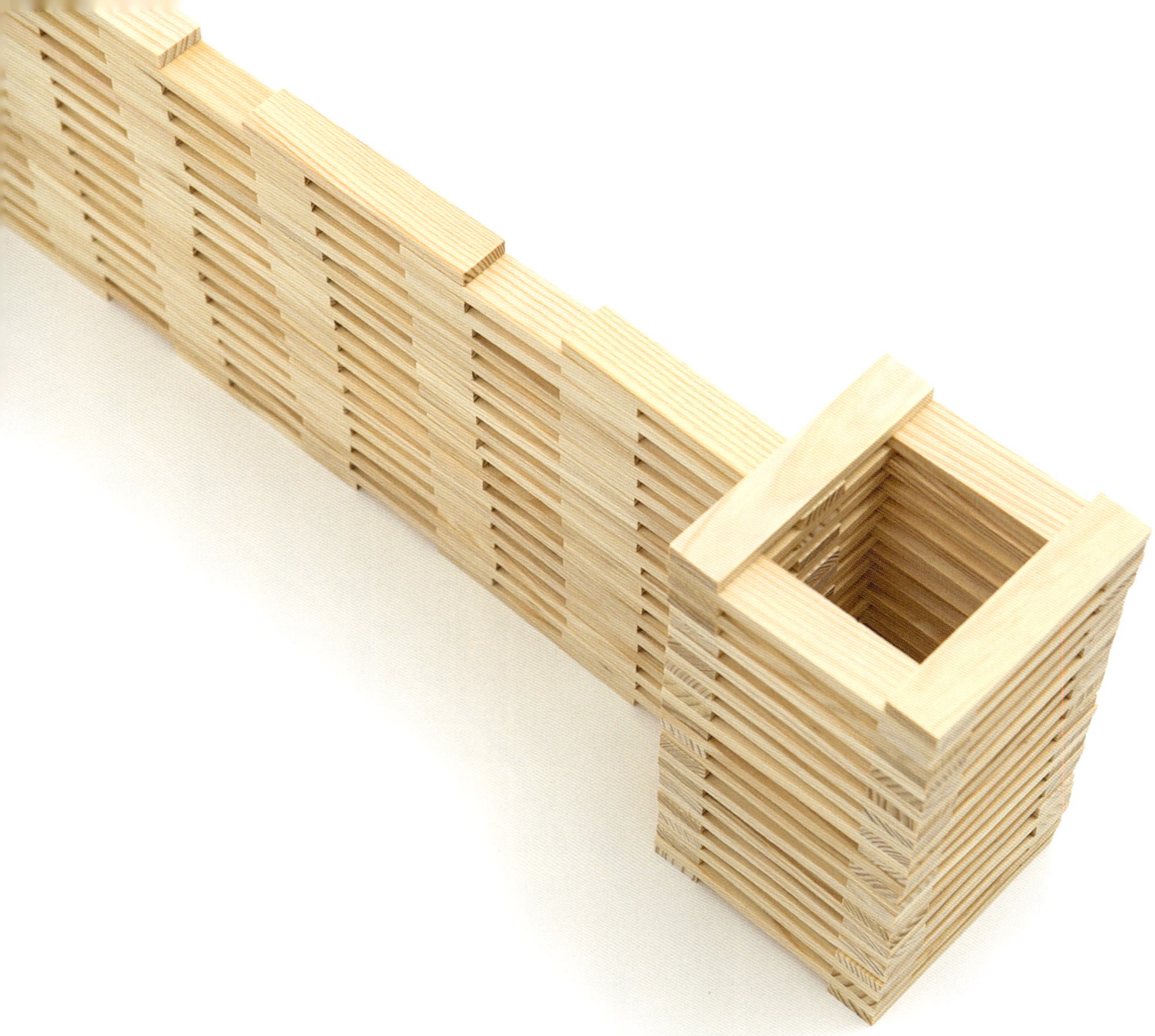

■壁の終え方

レンガ積みで円形や四角を積む場合と違って、直線的な壁を積むと必ず壁の終わりである「端」が出てきます。この部分をどのようにするかは、いくつか方法があります。

最もオーソドックスなのが、井桁積みの柱構造を端に配置する方法です（写真左）。支える力が増すので、横からの力に強く安定した壁ができあがります。大きくて長くて高い壁をつくる際には、とても有効です。しかし、柱構造自体が大きく、積木の数もたくさん必要になり、見た目の雰囲気にも影響します。また、積んだ後で壁のゆがみを修正したり、長さや位置を変更する際に柔軟性がなくなってしまいます。

T 字形で終了する方法もあります（写真中）。この場合、井桁構造よりも見た目はすっきりして、必要な積木の数は少なくてすみます。ただし、細長い積木の中心の一点のみで積み重なっているので、出っ張った部分が簡単にずれるなど、構造としては安定度が低くなります。

窓や入口などをつくる時と同じ要領で、チップスを活用すると、すっきりとした面で、直線構造を終結させせることができます（写真右）。構造そのものがシンプルになり、積木の数も少なくすみます。

レンガ積木の場合、積木そのものに幅があり、直線に積んでも比較的安定しています。T 字形に終了したり、チップスのように、補充用積木（p.70）を活用する方法があります。

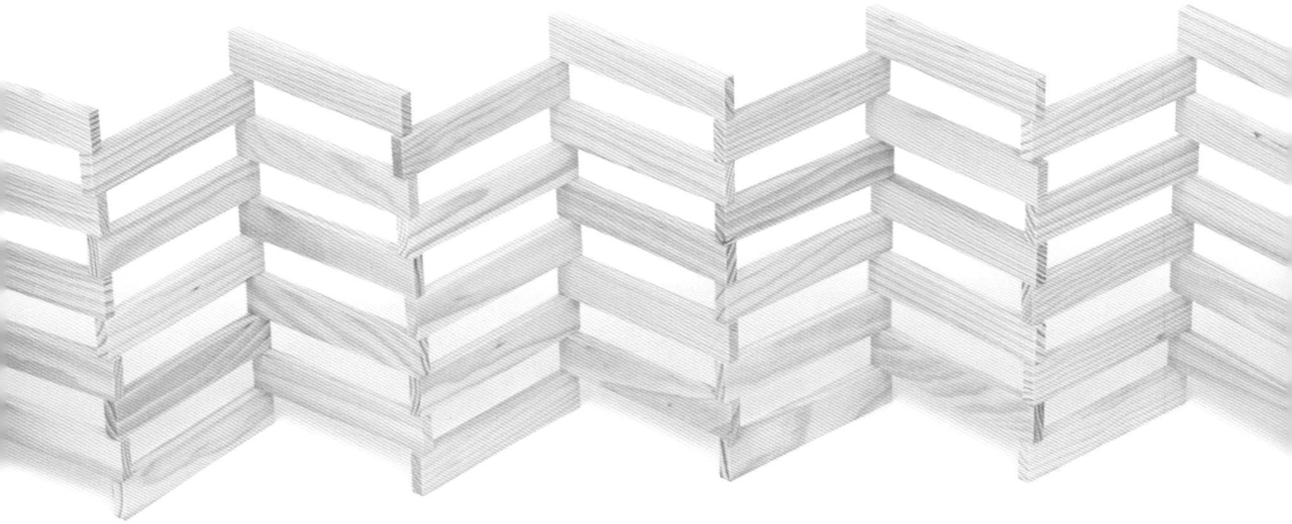

■ジグザグに積む

壁を安定させるために幅を広くするという意味で、ジグザグにレンガ積みを繰り返すという方法は有効です。

ジグザグであることで、「壁らしい」直線ではなくなりますが、構造を安定させる幅をつくることができます。井桁積みなどにくらべて積木の数を制限できることも、利点の一つです。

ジグザグの形状も、工夫することで、平面らしさを表現することができます。横ではなく、縦にして積むことで、面のイメージをふくらませることもできます。積木の置き方を工夫して面の雰囲気を変えることもできます。

なお、ジグザグのまま、壁全体を曲線にすることも可能です。

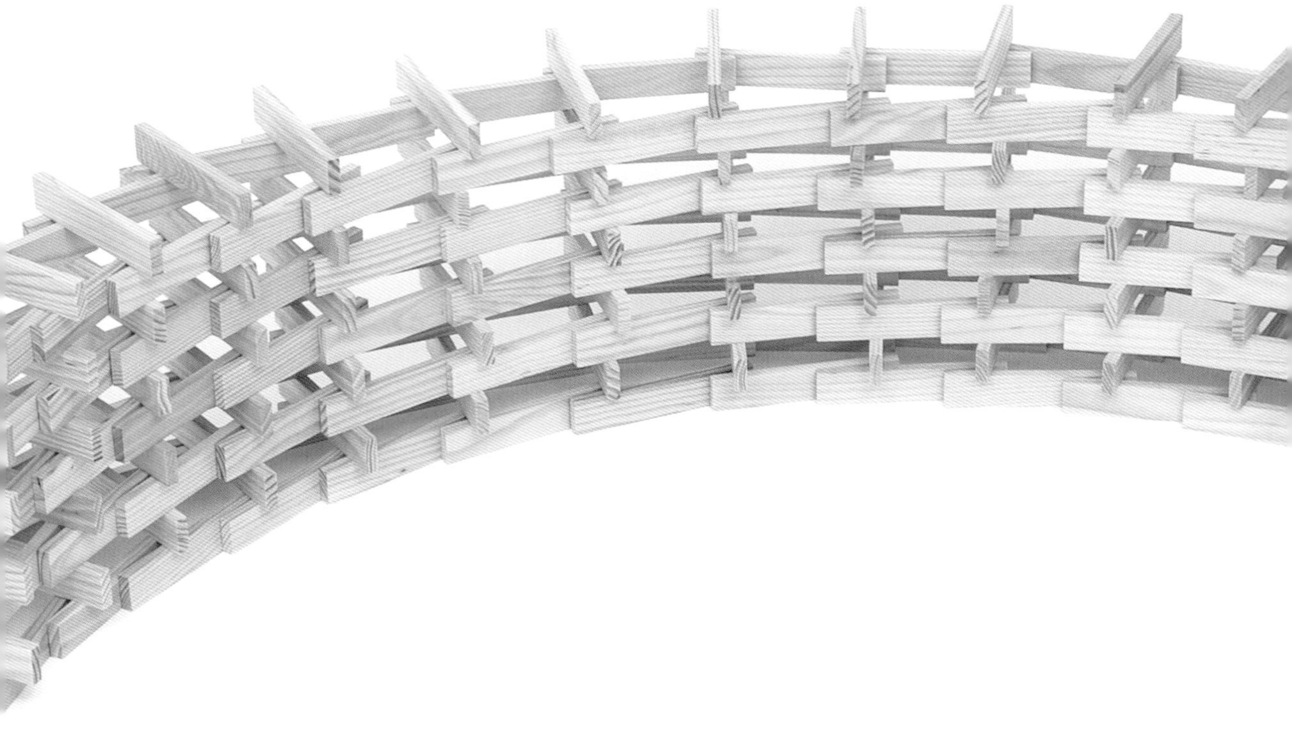

■井桁構造を並べる

井桁積みの柱をただ密着させて並べるだけの壁も有効です。独立した井桁の柱構造を密着させて配置することで、「壁らしさ」を高めます。

シンプルに組み合わせるだけなので、幼児の積木遊びにおいては、よく見られる積み方です。一つひとつの柱が独立しているので、配置を調節するだけで壁に角度をつけたり、空間をあけたりすることが簡単にできます。

写真下のように、井桁の構造を重ね合わせる手法を用いれば、曲線を描いて壁を積むことができます。鉄骨のような見た目になり、壁よりも、鉄橋や高架などに見立てられ、線路や道路を上に敷きたくなる積み方といえます（p.96）。

⑬高架や鉄橋を積む

■壁を見立てる

壁で紹介した曲がる壁の積み方（p.94）と同じです。隙間なく板積木を並べたり、2本の線を通すだけで、高架の道路や線路のようなものができあがります。高架の端を徐々に低くすることができれば、スロープになります。

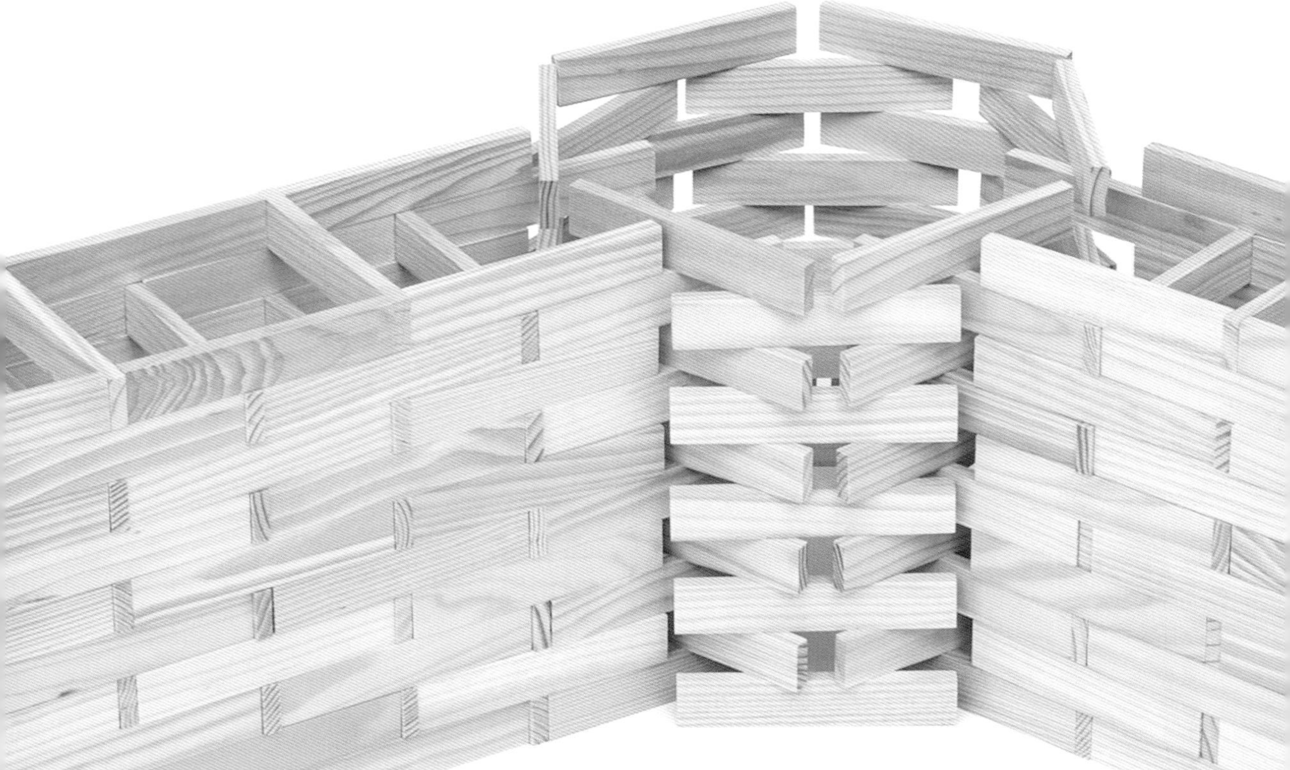

■井桁構造を連結させる

井桁の柱構造を連結して組み合げると「壁らしい壁」が積みあがります。安定感も抜群で、隙間のない、きれいな側面ができあがるのが特徴です。効率のよい構造になっているので、体積に対して必要とする積木の数も少なくすみます。

ただし、壁そのものは直線にしかできません。途中に柱構造をポイントに挟むことで、角度をつけられます。

この壁構造と、柱と壁の組み込み方は複雑で、要領を覚えるまでには、かなりの時間がかかります。しかし、お城らしさなどの豪華さがうまく表現されるので、大きい子どもたちと共に、ぜひ挑戦したい積み方です。

⑭ねじれを積む

■構造の回転

積木を、一定の間隔でずらしながら回転するように積んでいくと、「ねじれ」の構造をつくることができます。

直線的な構造が主役になりがちな積木遊びにおいて、柔らかい曲線による独特の表現です。「ねじれ」構造が美しく、積む行為そのものも挑戦的で、楽しんで積むことができます。

■板積木に適した積み方

細くて長い板積木では、崩れにくい安定したねじれを積むことができます。重心がぶれないように積むことに気をつければ、1本からねじることが可能で、2本、

４本、６本となっても要領は同じです。

ねじれの構造を応用すると、例えば、動物が首をひねる姿を表現することもできます。また、スカイツリーなどのような現代の建築に見られる鉄骨構造のイメージを表現することにも適しています。

■後からねじる

ねじれ構造をつくるには、２つのやり方があります。

一つは、積木を置いていく時に一定角度で回転させながら積んでいくやり方です。

もう一つは、井桁や六角形や円形にレンガ積みをして柱構造をつくった後に、外側から両手を使って少しずつ回転させてねじるというやり方です。

後からねじるのは、手の大きさや回転の力を加えるのにコツが必要になるので、大きい子ども向きのやり方といえますが、要領を覚えると簡単にできるようになります。

積木は、積んだ後は「触れない」というのがお約束ですが、板積木の安定感と強さならではの遊び方だといえるでしょう。

⑮斜めを積む

■斜めの井桁構造

井桁の柱構造が積みあがった後に、外から手で力を加えて調整することで、斜めに立つ柱に変化させることができます。まず、両側から力を加えて、下から上に徐々に菱形にして、斜めにずらしていきます。

この構造は、東京タワーの土台となる４本の足（p.122）や、動物の手足（p.125）などに活用できます。目的にあわせて、外側のラインと内側のラインを直線的な斜めにするか、緩やかな曲線を描く斜めにするかを調整します。

積木遊びの基本は、積みながら形をつくっていくことです。しかし、板積木のように、組みあがりがしっかりする特性を持つ積木であれば、外から力を加えて成形することも楽しめます。

やり方のモデルを示すことで、子どもたちは徐々に覚え、やりやすい積木、やりやすい形を見つけていくことでしょう。

⑯抜き取る

■抜いても崩れない

「ねじれを積む」（p.100）や「斜めを積む」（p.102）で紹介したように、積みあがった後から積木を操作するという意味では、積木を「抜き取る」ことも可能です。

例えば、窓や入口（p.77）は、積み始めの段階からつくる場合と、建物をつくった後から適した場所にあけるやり方があります。

板積木のように、積木同士の組みあがりがしっかりするもので、ある程度積みあがって上から重さがかかっていれば、積木を抜いても、崩れることはありません。

積木を抜いた後に、チップスのような補助素材に置き換えれば、窓ができあがります。壁の終わり方の処理（p.91）も、できあがった壁構造から積木を抜いて、後から区切ることも可能です。

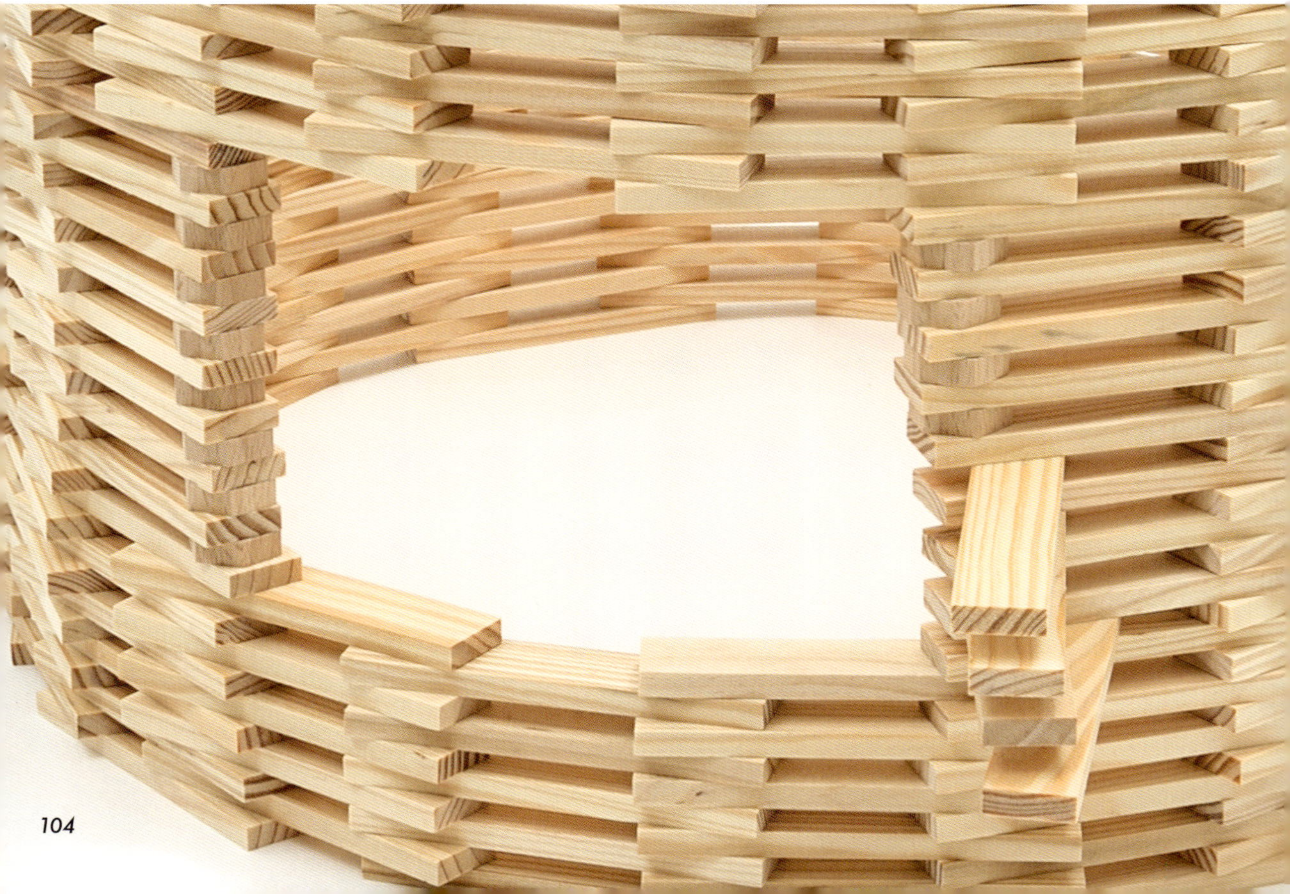

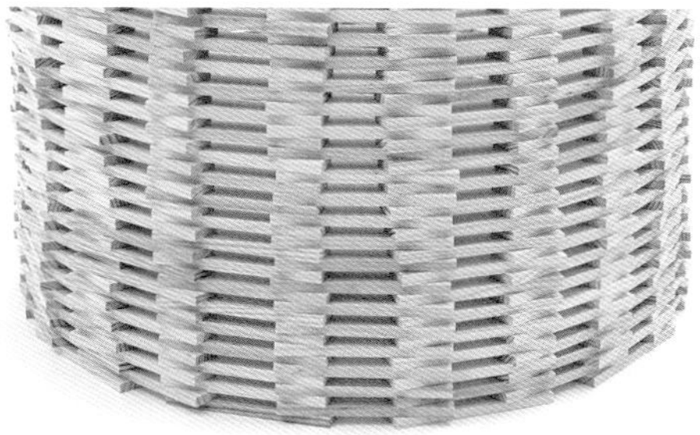
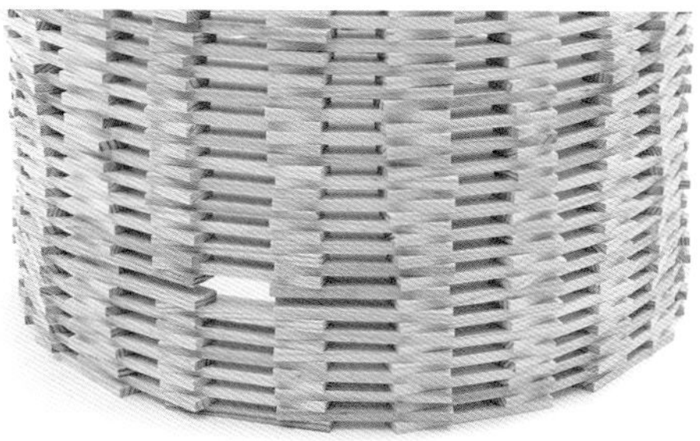
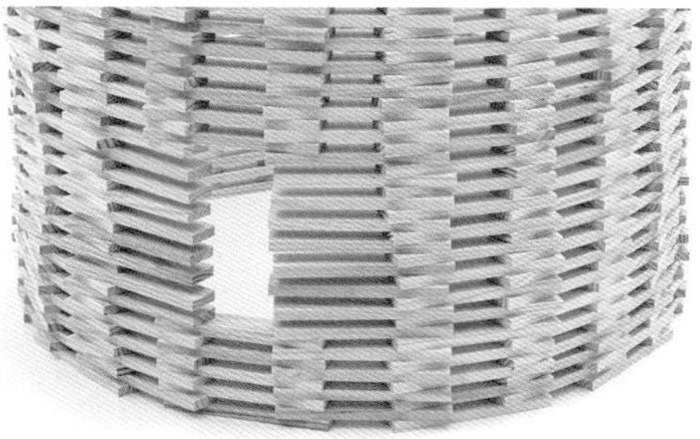
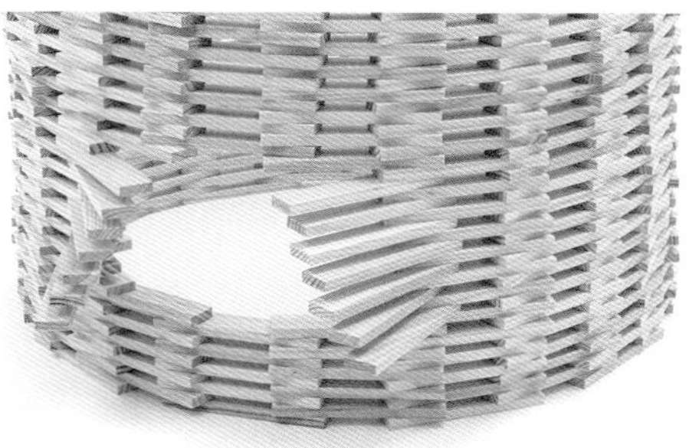
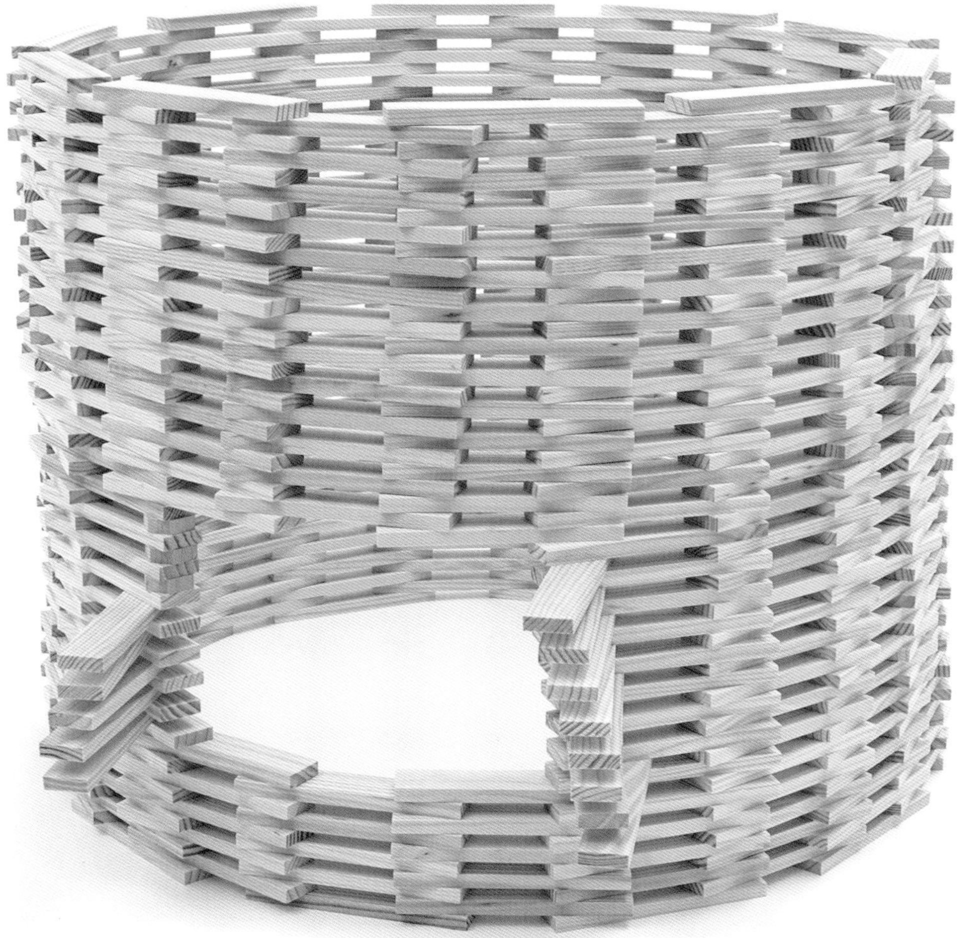

⑰横方向に積む

■重力と摩擦

積木は、下から上に積むものです。しかし板積木は、その形状の特性から、重力と摩擦を利用して横に伸ばして積むことが可能です。

上から押さえつける重さがある場合、積木の間に噛ませて横に伸ばし、その先の間に噛ませることを繰り返していくことができます。まるで、工事現場で橋を渡していくように、横に伸ばしていきます。

上に積まれている積木の数（重さ）が十分にあれば、積木を横に伸ばしていっても重心がぶれないために、崩れることはありません。

ビルからビルへの渡り廊下をつくる時などに活用できる積み方で、間に支える柱を用意すれば、かなりの距離をつなぐことができるでしょう。また、鳥のくちばしなどのような、動物の体を表す時にも参考になる積み方です。

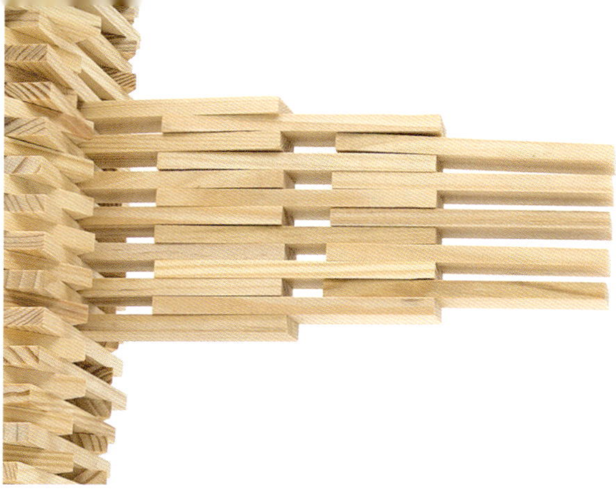

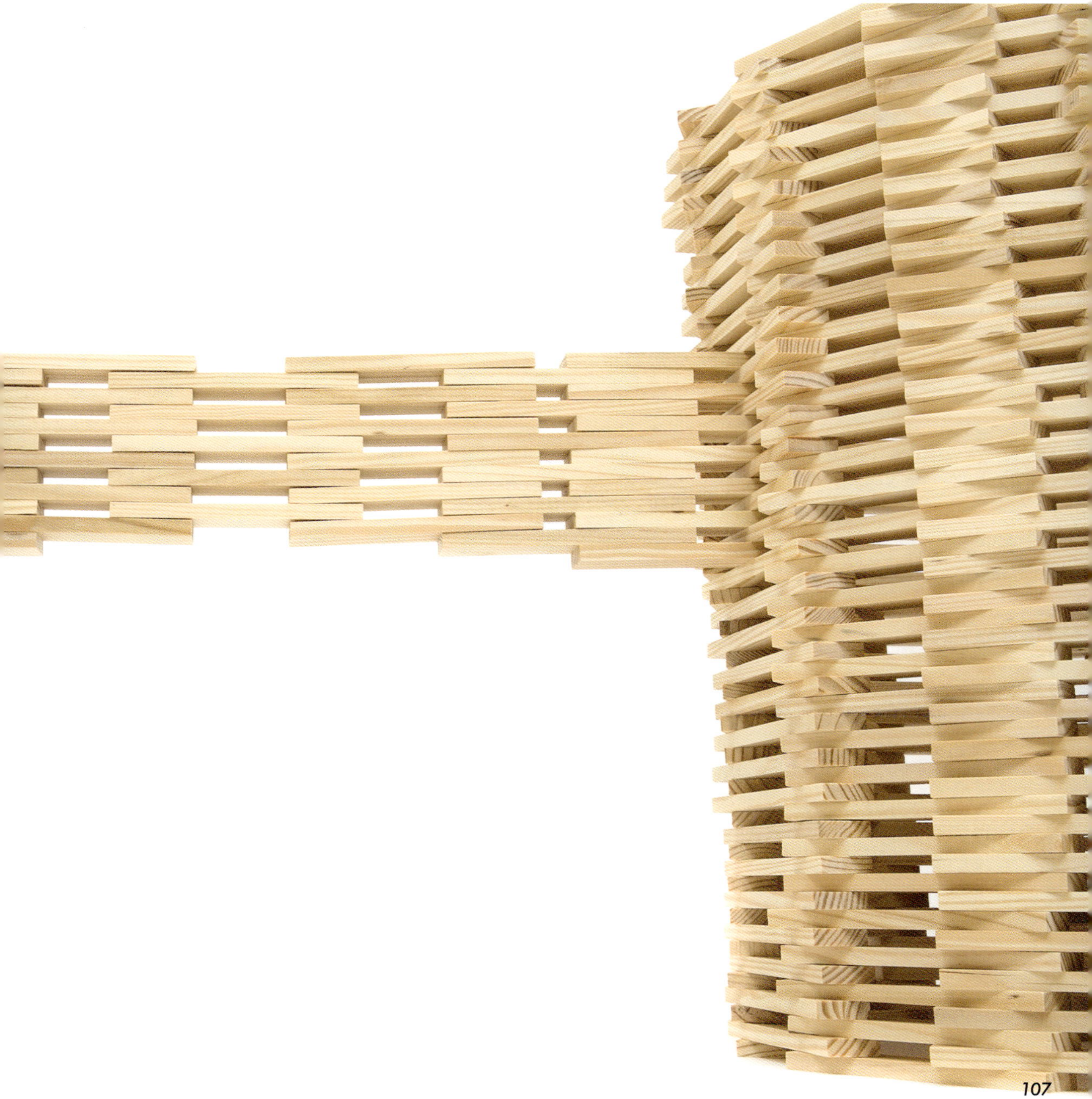

⑱すぼめる、ひろげる

■内と外にずらして積む

板積木は長さがあり、接点を離すことができることから、上下の直線的な構造だけでなく、斜め方向の構造を展開することができます。

円や四角に積む時、少しずつ内側にずらしながら積むと、円と四角は徐々に小さく積みあがります。積木同士が支え合うので、崩れることはありません。逆にすり鉢状にひろげ積むこともできます。積木の数が十分にあれば、人が入れる大きさのカマクラを積むこともできます。

すぼめる（ひろげる）場合、ある段階で配置する積木の数を減らす（増やす）必要が出てきます。積木同士の距離をあけて（詰めて）積むために、積木の数を減らす（増やす）のです。これを繰り返していくのがこの積み方のポイントです。

積木遊びのいろいろな場面で応用できるので、ぜひ知っておきたい積み方です。

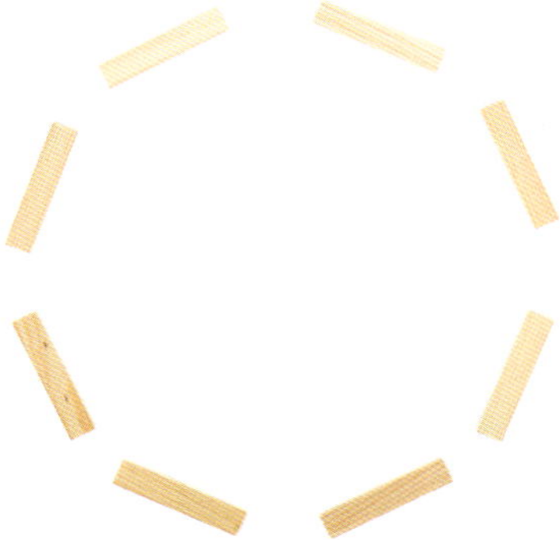

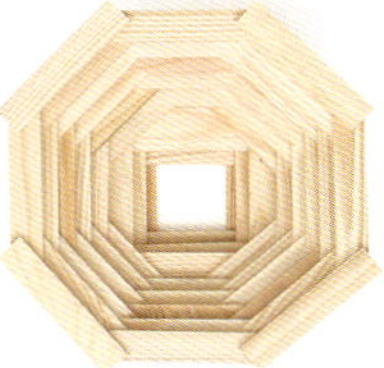
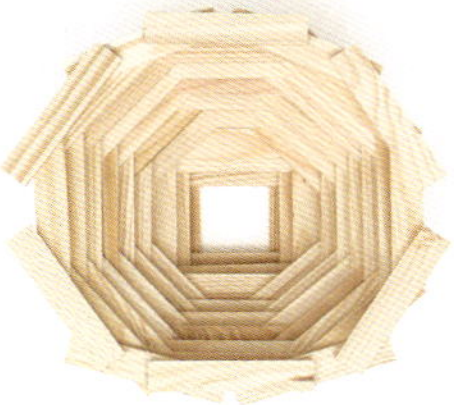
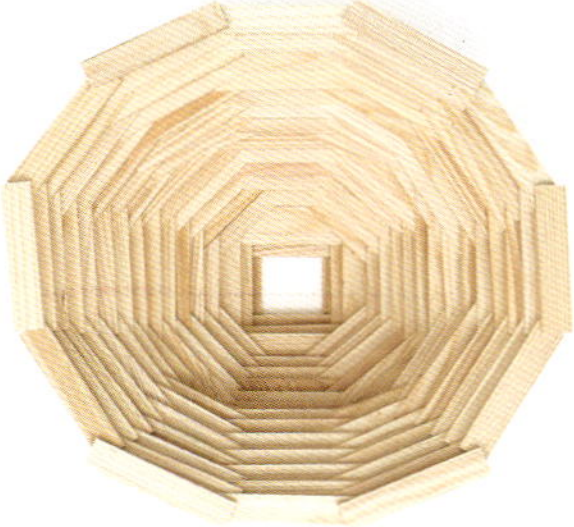
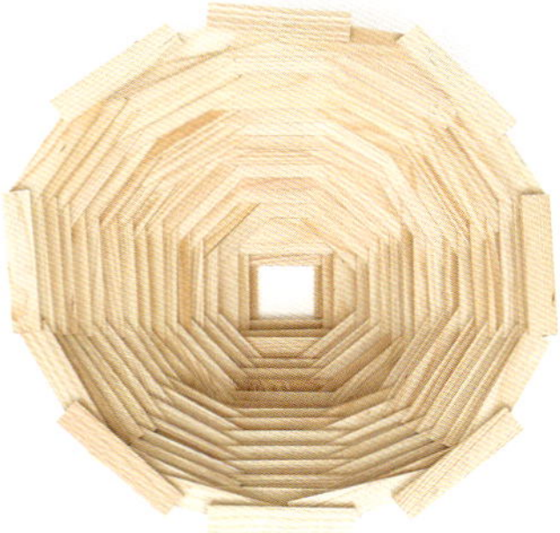

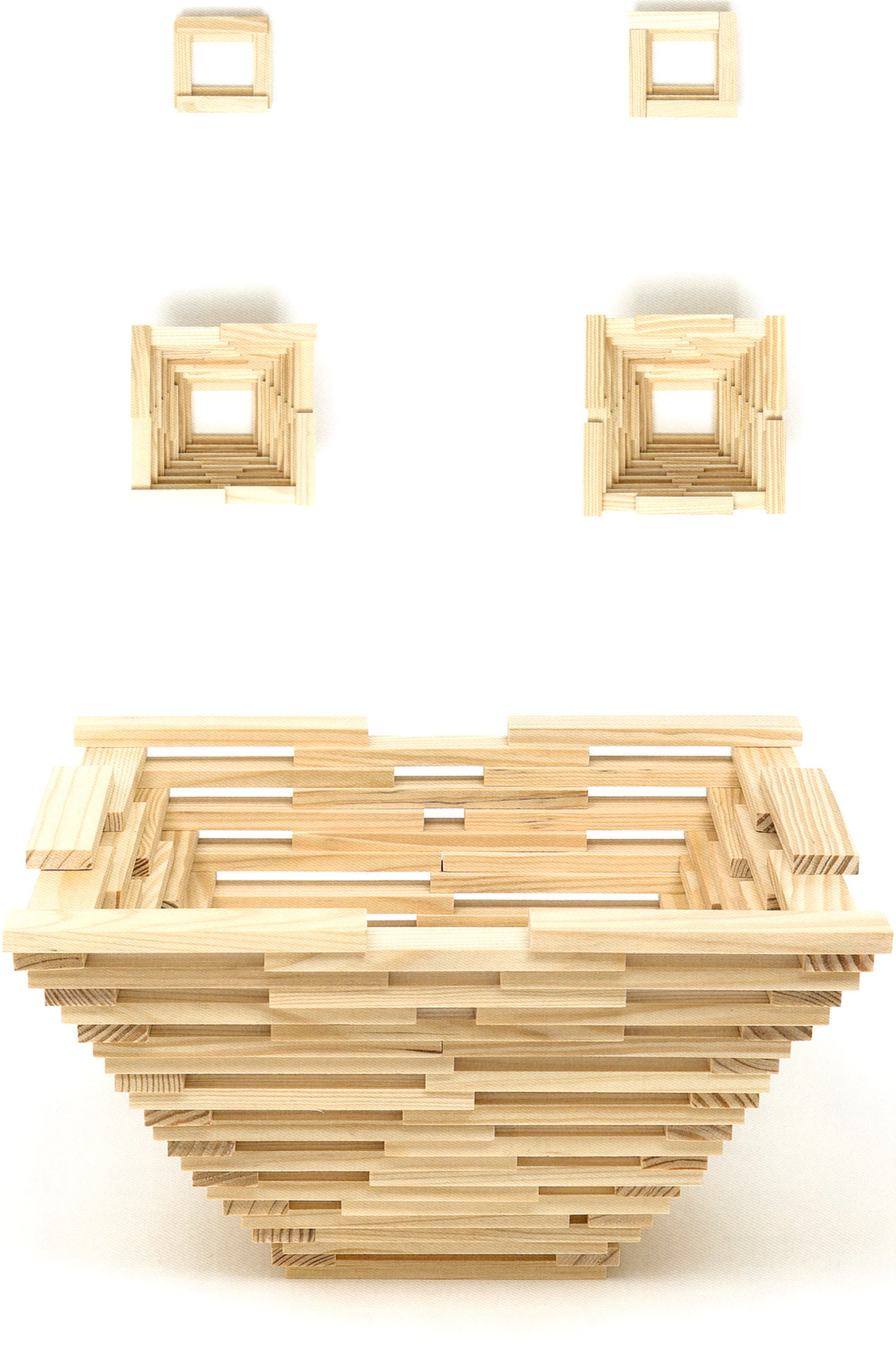

■球体を積む

ひろげる積み方と、すぼめる積み方を組み合わせれば、球体をつくることも可能です。なめらかな曲線を描くようにすぼめたりひろげたりする必要があり、下と上の傾斜を強くして、真ん中の部分をなだらかにすることが球体らしくするポイントです。

集中力と技術力が求められる構造で、子どもにとってはかなり高度な課題です。

⑲車輪を積む

■「すぼめる」「ひろげる」の応用

「すぼめる、ひろげる」(p.108) を応用すれば、車輪の構造も積めます。

板積木を横にして積み、少しづつひろげて、すぼめていきます。車輪の大きさは、積木の数だけひろげることができます。チップスを使って真ん中の板積木を抜くと、より車輪らしさが増します。

球体 (p.113) 以上に難しい積み方ですが、人気の高い車や電車にあわせるためにも覚えておきたい積み方です。

⑳橋を積む

■「車輪を積む」の応用

「車輪を積む」（p.114）の技術を使えば、このような本格的な橋を積むこともできます。橋脚を別々に積みはじめ、車輪のようにひろげて橋桁としてつなげます。橋脚間の距離と、橋桁までの曲線の調整が大切で、先を見通しながらつくる力が求められます。

保育者としては、子どもの積木の技術が上がるにつれて、難しい積み方に挑戦させてあげたいと思うものです。実際、板積木にはまだまだ難しい積み方、おもし

ろい積み方があります。

しかし、保育現場における積木遊びを前提にした時、積木の技術の追求よりも、この橋に子どもが何を想像し、どんな遊びの世界をひろげようとしているのか、ということのほうが大切です。

保育者が遊び援助する上で忘れてはいけない視点です。

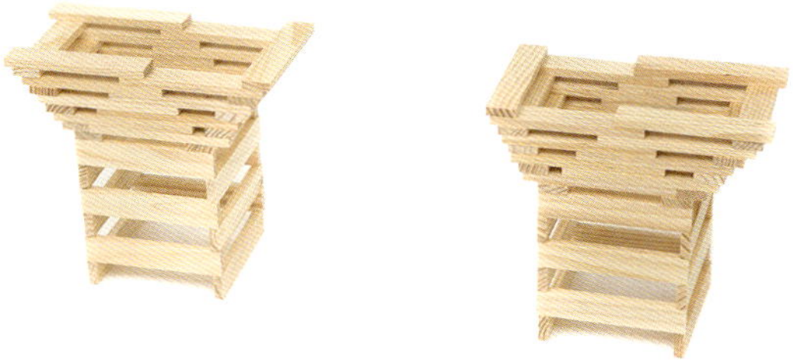

㉑積み方を応用する

ここまで学んだ基本的な積み方の技術を用いると、様々な構造物をつくることができます。

■積み方と見立て方

レンガ積みにはじまり、円・四角・三角の形の積み方、そして、窓や入口の積み方などを組み合わせることで、様々な構造物をつくることができます。また、積み方だけでなく、見立て方、他の素材の組み合わせ方によって、積木遊びの世界は大きく変わります。

もちろん、完璧に再現することが積木遊びの目的ではありませんが、保育者自身が、積み方を知って、再現できる力を持つことは、子どもの積木遊びを適切に援助する上で大切です。

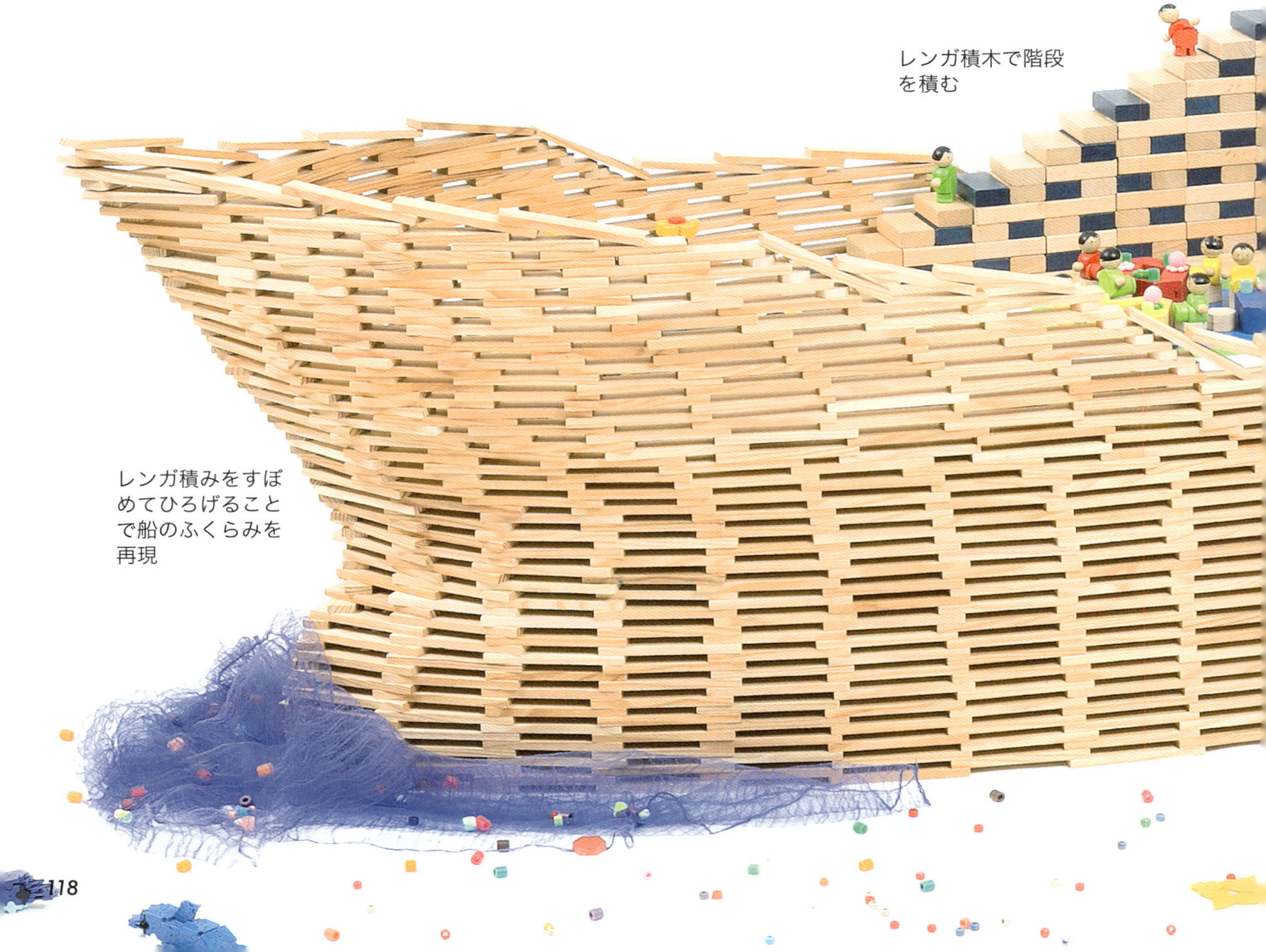

レンガ積木で階段を積む

レンガ積みをすぼめてひろげることで船のふくらみを再現

■豪華客船

船は、積木遊びで見られる代表的な構造物で、いろいろな積み方を応用できます。大きく展開しやすく、子ども自身が中に入って遊んだり、機関室や乗客スペースの細かな再現を楽しんだりします。船は、様々な物語を盛り込むことができ、子どもたちの遊びのイメージがひろがりやすいテーマです。

形の違う積木を使って、窓や家具を効果的に再現
人形を入れることで雰囲気は大きく変わる
船室などの構造を棚を中に入れて再現
壁をカットして内部を見えるようにすることで、船内のストーリーを想像しやすいように表現
他の遊具でつくった構造物を組み合わせる

先端をとがらせることで、
船首のイメージを再現

三角形の積み方で
船首らしさを再現

内部の構造に積木
のケースを活用

チップスを挟みながら
船の側面に斜めの段差
を生む

■東京タワー

東京タワーは、様々な積み方が求められる構造物です。タワーらしさを再現することが求められるので、高度な積木技術が必要です。

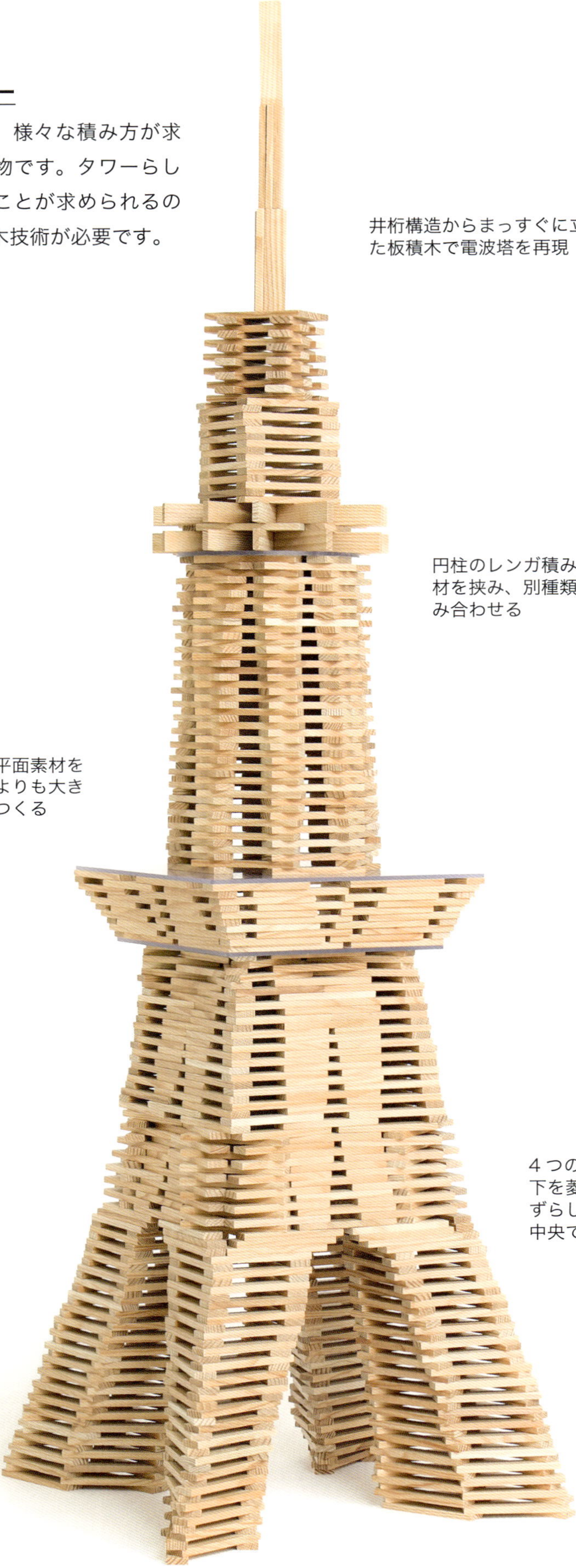

井桁構造からまっすぐに立てた板積木で電波塔を再現

円柱のレンガ積みの上に平面素材を挟み、別種類の積み方を組み合わせる

展望台部分は、平面素材を挟むことで、下よりも大きな面積の構造をつくる

4つの井桁構造。一番下を菱形にして斜めにずらして積みながら、中央で連結している

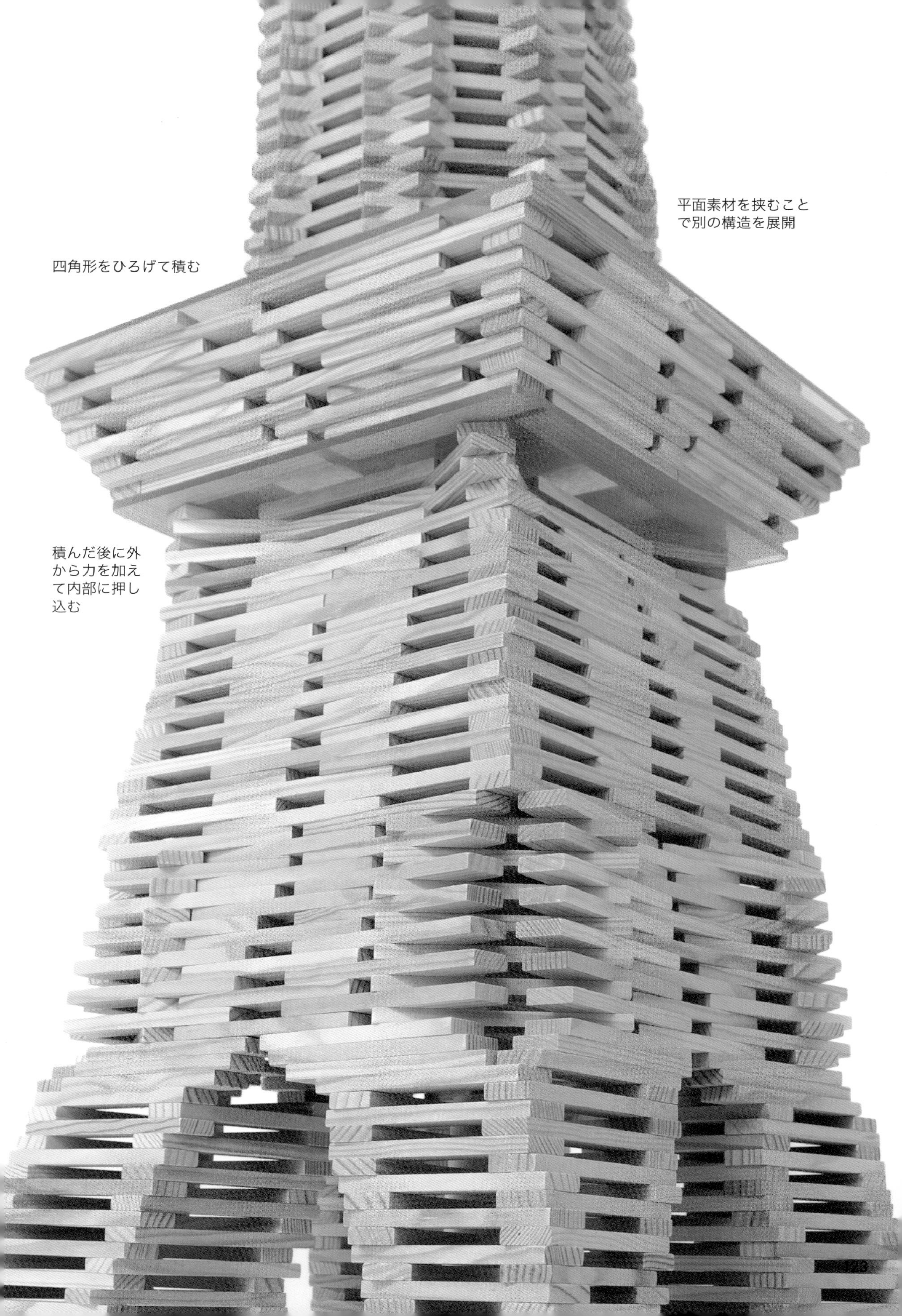
平面素材を挟むことで別の構造を展開
四角形をひろげて積む
積んだ後に外から力を加えて内部に押し込む

■クリスマスツリー

クリスマスツリーは、簡単な積み方の組み合わせでつくることができます。季節の定番の積木遊びの一つですが、見せ方の工夫で子どもの印象に残るものにすることができます。

ツリー内部に照明を入れて明かりをつける。一番上に穴をあけておくと、上に向かって光が伸びる

太い幹はレンガ積木で再現する。丸い平面素材を挟んで、レンガ積みをねじりながらすぼめる。

■エルマーの冒険

『エルマーの冒険』のボリスを再現。動物は曲線が多く、表現が難しい構造物です。しかし、シンボリックな構造物は、子どもたちがつくりたいと強く願うものの一つです。

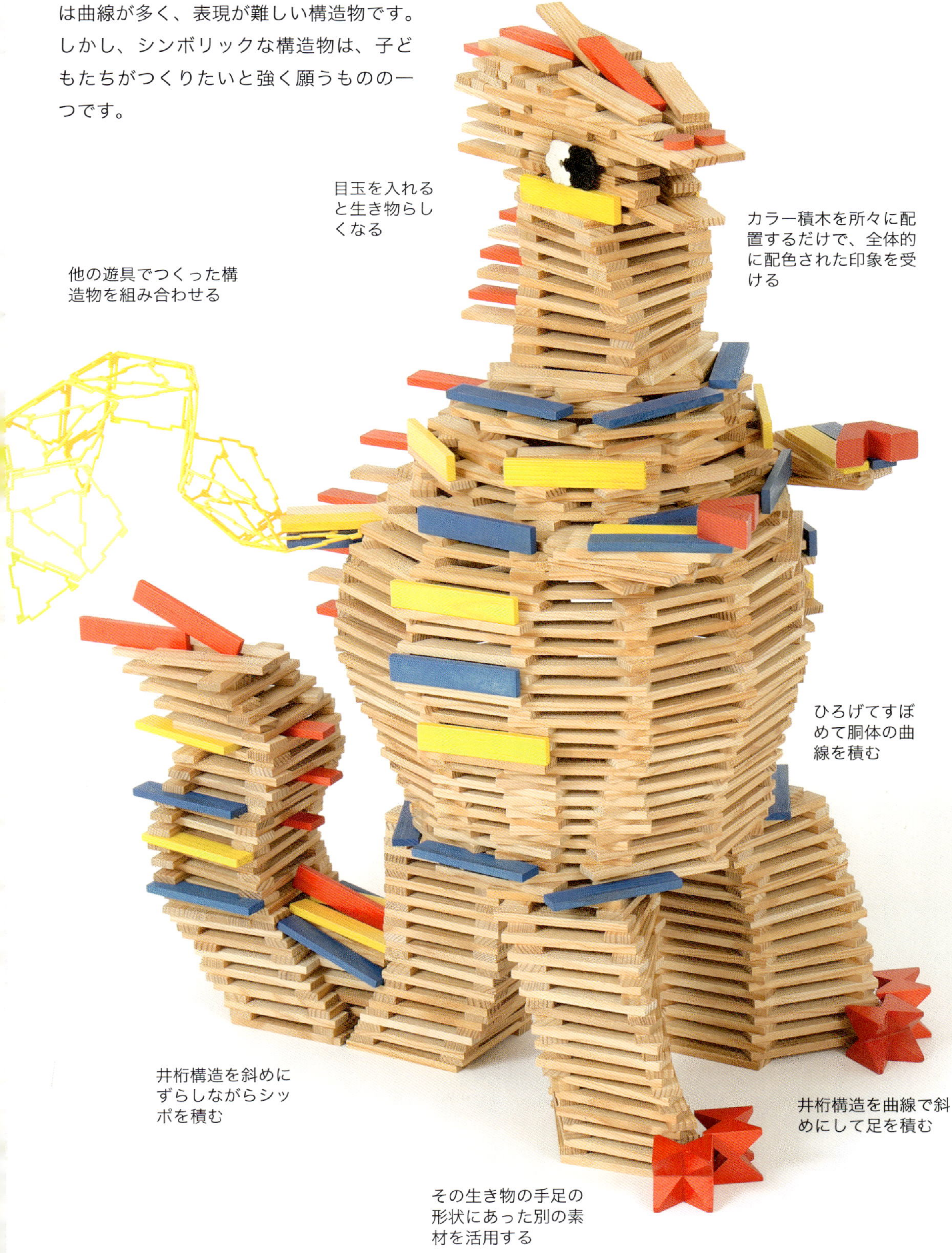
目玉を入れると生き物らしくなる
カラー積木を所々に配置するだけで、全体的に配色された印象を受ける
他の遊具でつくった構造物を組み合わせる
ひろげてすぼめて胴体の曲線を積む
井桁構造を斜めにずらしながらシッポを積む
井桁構造を曲線で斜めにして足を積む
その生き物の手足の形状にあった別の素材を活用する

■日本の城

城は、積木遊びでつくる建物の定番です。例えば、日本の城といえば、屋根の形や広い軒下などの特徴があります。平面の素材を使い、屋根の大きさを変えることで、和風の城らしさが表現できます。積み方や素材の組み合わせに少し変化を加えることで、建物の雰囲気が大きく変わります。「らしさ」を出すコツを知っておくことが大切です。

積木をずらして曲線をつくる
平面素材を挟むことで、軒下をつくる
三角構造を縦と横に組み合わせることで、日本家屋の屋根の雰囲気が出る
鬼瓦に見立てた素材を置くことで、より瓦の屋根らしさが出る
ジグザグ積木を置くことで、日本風の塀を再現

謝辞

本書が完成するまでに、たくさんの方々のご協力をいただきました。

実践報告・写真を提供くださいました全国の保育園・幼稚園のみなさま、毎日の保育の合間を縫ってまとめてくださいましたことに、深く感謝いたします。子どもたちの写真掲載に快く応じてくださった全国の保護者のみなさまにも、御礼申し上げます。

榛村友秀さんには積木の積み方、使い方について様々なアドバイス、協力をいただきました。ありがとうございました。やまぼうし保育園と三石保育園の職員のみなさまには、様々な編集作業にご協力いただき、また、保育実践についてアドバイスをたくさんいただきました。特に三石保育園の田中英子園長におかれましては、本書制作について全面的に支援していただきました。心より感謝いたします。

積木写真の撮影をしてくださいましたホリバトシタカさんには、撮影だけでなく内容向上のために、きめ細かな作業を行っていただきました。編集者の長谷吉洋さんにおかれましては、東奔西走して制作を指揮していただきました。本当にありがとうございました。

そして最後に、積木の楽しさと大切さを教えてくれた小さな先生である子どもたち、「ありがとう」。みなさまから学んだたくさんのことを、これからの子どもたちにしっかりと伝えていきたいと思います。

本書が、保育環境における積木のあり方を考える機会の一つになれば幸いです。

2014年9月
吉本和子
脇淵爾良

著　者

吉本和子（よしもと・かずこ）1976 年に尼崎市におもと保育園設立（園長）、1980 年に同市に久々知おもと保育園設立（園長）、1999 年に宝塚市にやまぼうし保育園を設立、以降同園園長（2021 年まで）。乳幼児の発達をふまえた保育の実践に取り組んで、全国各地の保育園や幼稚園での保育指導、講演活動に忙しい毎日を送る。著書に『乳児保育──一人ひとりを大切に育てるために』『幼児保育──子どもが主体的に遊ぶために』がある。

脇淵爾良（わきぶち・じろう）大谷大学、中部学院大学短期大学部、兵庫教育大学大学院卒業後、保育士になる。保育経験の中で積木と出会い、積木と保育について日々研究を行う。積木遊びに関する講演活動も行う。

執筆協力

榛村友秀（保育士）

実践報告・写真提供（50 音順）

愛泉保育園	いずみ保育園	第一仏光保育園	はくさん保育園	美光保育園
青桐保育園	エール保育園	ちゅうりっぷ保育園	東松戸保育園	みわ保育園
あけぼの保育園	くほんじ保育園	長良保育園	東山保育園	明和輝保育園
あさひがおか保育園	さざんか保育園	なごみ保育園	光保育園	牟礼保育園
網干れんげ保育園	真生保育園	額小鳩保育園	双葉保育園	やまぼうし保育園
泉の台幼稚舎	善防保育所	ののはな保育園	三石保育園	

参考文献

『KAPLA booklet（KAPLA ブロックの積み方マニュアル）』Tom van der Bruggen, 1988, Edition 2002.
『保育とおもちゃ ─ 発達の道すじにそったおもちゃの選び方』瀧薫、2011
『乳児保育 ─ 一人ひとりが大切に育てられるために』吉本和子、2002
『幼児保育 ─ 子どもが主体的に遊ぶために』吉本和子、2003
『乳児の発達と保育』園と家庭を結ぶ「げんき」編集部、2011

積木写真（p.42～126、表紙）

ホリバ トシタカ

タイトルデザイン、表紙レイアウト

竹原 豊

企画・構成・編集

長谷 吉洋

資材提供（p.42～117、表紙）

アトリエ ニキティキ（「ウール・レンガ積木」「ウール・レンガ積木補充用」「カーブ積木」「ジグザグ積木」「半球積木」「ビルディングロッズ」）、ワイズ（「スケーラ丸型」「スケーラ角型」「チップス」「モブス」）

積木と保育

2014 年 10 月 20 日　第 1 版 第 1 刷発行
2024 年　1 月 31 日　第 1 版 第 7 刷発行

著　者　　吉本和子、脇淵爾良
発行者　　大塚孝喜
発行所　　エイデル研究所
102-0073　東京都千代田区九段北 4-1-9
TEL.03-3234-4641 FAX.03-3234-4644
印刷・製本　中央精版印刷株式会社
ISBN　978-4-87168-548-1